과학 교과 연계

4학년 2학기
2단원. 물의 상태 변화
5단원. 물의 여행

5학년 1학기
2단원. 온도와 열

5학년 2학기
2단원. 생물과 환경
3단원. 날씨와 우리 생활

6학년 2학기
2단원. 계절의 변화

글 서지원

강릉에서 태어나 한양대학교를 졸업하고 〈문학과 비평〉에 소설로 등단했어요. 지식과 교양을 유쾌한 입담과 기발한 상상력으로 전하는 이야기꾼입니다. 지금은 어린 시절 꿈인 작가가 되어 하루도 빠짐없이 글을 씁답니다. 서울시 올해의 책, 원주시 올해의 책, 문화체육관광부와 한국도서관협회가 뽑은 우수문학도서 등에 선정된 저서 외에도 2009 개정 초등 국정교과서와 고등 모델 교과서를 집필했습니다. 쓴 책으로 〈호랑이 빵집〉, 〈고구마 탐정 과학, 수학〉, 〈빨간 내복의 초능력자〉, 〈안녕 자두야〉 시리즈와 《황룡의 속담 권법》, 《4차 산업 혁명과 미래 직업 이야기》, 《나라에 일이 생기면 누가 해결하지?》, 《훈민정음 구출 작전》, 《우리 엄마는 모른다》, 《최고의 행복 수업》 등 250여 종이 있습니다.

그림 한수진

오랫동안 어린이책에 그림을 그리며 살고 있습니다. 내가 그린 그림을 보며 어린이들이 책 읽는 즐거움을 한껏 누리면 좋겠습니다. 그동안 그린 책으로는 《악플 전쟁》, 《우리 또 이사 가요!》, 《국경을 넘는 아이들》, 《치즈 붕붕 과자 전쟁》, 《바른말이 왜 중요해?》, 《급식 마녀와 멋대로 마법사》 등이 있습니다.

몹시도 수상쩍다
2. 날씨를 일으키는 삼총사

초판 1쇄 펴낸날 2023년 6월 12일

글 서지원 **그림** 한수진
펴낸이 허경애 **편집** 최정현 김하민 **디자인** 위드 **마케팅** 정주열
펴낸곳 도서출판 꿈터 **출판등록일** 2004년 6월 16일 제313-2004-000152호
주소 서울시 마포구 양화로 156, 엘지팰리스빌딩 825호
전화번호 02-323-0606 **팩스** 0303-0953-6729
이메일 kkumteo77@naver.com **블로그** blog.naver.com/kkumteo **인스타** kkumteo
ISBN 979-11-6739-088-2   ISBN 979-11-6739-079-0(세트)

ⓒ서지원 한수진 2023
이 책에 실린 글과 그림은 무단 전재 및 무단 복제할 수 없습니다.
잘못된 책은 구입하신 서점에서 바꾸어 드립니다.

어린이제품안전특별법에 의한 제품 표시

제조자명 꿈터 | **제조연월** 2023년 6월 | **제조국** 대한민국 | **사용연령** 8세 이상 어린이 제품
주의사항 종이에 베이거나 긁히지 않도록 조심하세요. 책 모서리가 날카로우니 던지거나 떨어뜨리지 마세요.
KC 마크는 이 제품이 공통안전기준에 적합하였음을 의미합니다.

몹시도 수상쩍다

2 날씨를 일으키는 삼총사

서지원 글
한수진 그림

꿈터

작가의 말

과학을 알아야
미래가 보인다!

　지구의 날씨는 지금 한 마디로, 아찔하고 무시무시한 롤러코스터를 타고 있어요. 장마철이 아닌데 시도 때도 없이 폭우가 쏟아지고, 더웠다가 추웠다가 종잡을 수가 없어요. 서울에는 115년 만의 폭우가 쏟아져 물바다를 만들고, 제주도는 99년 만에 폭염으로 불덩어리가 되었어요.

　이런 날씨는 우리나라만 일어나는 게 아니라, 전 세계가 시달리고 있어요. 미국에서는 500년에 한 번 일어나는 폭우가 쏟아지고, 세계에서 가장 뜨거운 사막 지역인 데스밸리에는 1000년에 한 번 비가 올 확률로 폭우가 내려 물바다가 되었어요. 극단적인 이런 날씨는 수많은 생명의 목숨을 앗아가고 있어요.

　날씨는 그날그날의 대기 상태 그러니까 지구를 둘러싼 공기의 상태를 뜻해요. 기온 즉, 공기 온도가 높으면 날씨가 더워져요. 공기의 상태에 따라 비도 오고 눈도 오고 바람도 불지

요. 이런 매일의 날씨가 모이면 기후가 돼요. 기후는 일정한 기간에 나타난 날씨의 변화를 뜻해요.

 날씨 위기는 기후 위기예요. 기후 위기는 사람도 위험하지만, 지구에 사는 식물, 동물 등 모든 생명체를 위험하게 만들어요. 지금처럼 폭염, 홍수, 가뭄 등이 계속 일어나면 앞으로 40여 년 후인 2070년에는 지구의 야생동물 3분의 1이 멸종된다고 해요.

 인류의 미래는 앞으로 어떻게 될까요? 과학을 알아야 미래가 보여요. 날씨를 알아야 기상 이변과 자연재해의 원인을 알고, 예측하고, 미리 방지할 수 있어요. 이번 과학 교실에서는 날씨를 몸으로 체험하면서 배워 보려고 해요. 기발하고 놀라운 과학 실험도 같이하면서요.

 이번에도 놀라운 상상의 세계가 펼쳐질 거예요. 물론 아주 재미있을 거예요. 어서 과학 교실의 문을 두드리세요. 공부균 선생님과 과학의 재미에 홀딱 빠진 아로, 혜리, 건우, 그리고 에디슨이 신기한 엘리베이터와 함께 여러분을 맞이할 거예요. 날씨를 잘 체험해서 롤러코스터를 탄 지구의 기후를 어서 정신 차리게 해주세요.

작가 서지원

차례

작가의 말 과학을 알아야 미래가 보인다! · 4

첫 번째 실험
날씨와 일기 예보

내 맘대로 날씨 제조기

우와, 집이 하늘을 날다니! · 11
교장 선생님 이름이 공부왕? · 17
비와 번개를 만드는 캡슐 · 23
교실에서 날씨를 만들어요 · 34

두 번째 실험
바람은 왜 부는 걸까?

기후 변화와 지구 종말의 날

네 맘대로 일기 예보 · 47
과자를 먹고 태양과 지구가 되었어요 · 58
아로야, 울지 마! · 70
달나라의 발자국은 누구 발자국? · 78
우헤헹, 똥꼬로 태풍이 나와요 · 85

세 번째 실험
기압과 날씨

고기압 vs 저기압의 대결

공기의 무게를 느껴 봐 · 99
주사기 속으로 아로가 들어갔어요 · 108
까르르 웃는 꼬마 태양 · 116
건우는 방귀쟁이 · 121

네 번째 실험
구름과 안개

뭉게구름 맛, 새털구름 맛, 양떼구름 맛

교장실의 엘리베이터 · 129
구름 맛을 알면 날씨를 알 수 있어요 · 135
구름을 만드는 솜사탕 기계 · 139
아로를 따라다니는 구름 한 조각 · 150

에디슨

야옹 소리보다는 어흥 소리가
더 어울릴 것 같지만 아주 순해.
덩치만 컸지 얼마나 겁이 많다고.

과학교실에 나오는 사람들

아로

말대꾸하기 대장에 호기심 많은 사고뭉치.
공부균 선생님을 만나면서
과학을 엄청 좋아하게 돼.
가끔 공부균 선생님한테 칭찬받는 건우한테
질투를 느끼기도 하는 귀여운 악동이지.

혜리

차갑고 도도해 보이지만,
누구보다 여리고 따뜻한
속마음을 가진 소녀야.
공부균 선생님의 딸이지.

건우

소심하고 부끄럼이 많던
아로의 친구 건우가
공부균 선생님을 만나면서
적극적인 아이로 바뀌어.
놀랍지?
아로보다 더 호기심이
많아지거든.

공부균 선생님

과학을 싫어했던 아로와 건우의
마음을 기발하고 엉뚱한 실험으로
확 사로잡은 사고뭉치 선생님.
세상의 균들 중에서 가장 유익한 균이
바로 공부균 선생님이지.
어때, 한번 감염되고 싶지?

아로의 엄마

하루라도 아로한테
안 당하는 날이 없지만,
그래도 아로를 세상에서
제일 사랑하는 사람이야.

공부왕 교장 선생님

돌돌 말린 모기향 수염과 짝달막한 다리 때문에
'황제펭귄'으로 불리는 교장 선생님.
공부만 강요하는 교장 선생님 때문에
학교 분위기가 싸늘해져.
그나저나 이름이 비슷한 공부균 선생님과
공부왕 교장 선생님은 어떤 사이일까?

내 맘대로 날씨 제조기

첫 번째 실험
날씨와 일기 예보

창의력 호기심

화성이나 금성에도 날씨가 있을까?
날씨를 변하게 만드는 것은 무엇일까?
태양계 행성 중에서 날씨가 있는 행성은 무엇일까?

우와, 집이 하늘을 날다니!

"와, 정말 집이 하늘을 날다니! 공부균 선생님의 과학교실은 정말 대단해!"

아로는 창밖으로 점점 작아지는 동네를 보며 소리쳤다. 공부균 선생님의 과학교실이 눈 깜짝할 사이 하늘로 솟구쳐 날아올랐기 때문이다.

"어이쿠, 앞으로는 절대로 E 버튼은 누르면 안 된다!"

공부균 선생님이 새빨개진 얼굴로 소리를 지르며 창문으로 달려갔다. 곧이어 "우엑!" 하고 구토하는 소리가 들렸다.

'공부균 선생님의 과학교실'은 아로네 옆집에 생긴 학원이었다. 그냥 보아서는 평범한 집 같지만, 그 안에는 세상 사람들이 모르는 놀라운 비밀이 숨어 있었다. 바로 엘리베이터의 버튼이었다. 6개의 버튼에는 각각 '집, 교실, 땅, 물, 하늘, E'라고 적혀 있었다. 그 버튼을 누르면 눈 깜짝할 사이에 버튼에 적혀 있는 곳으로 과학교실을 옮길 수 있었다. 하지만 'E' 버튼은 절대 누르면 안 되었다. 누르는 순간 집이 하늘로 솟구쳐 올라 날아가기 때문이었다.

그런데 호기심 많은 아로는 참지 못하고 'E' 버튼을 누른 것이다. 그러자마자 집은 발사된 우주 로켓처럼 끝없이 하늘로 솟구쳐 오르기 시작했다.

창밖으로 파란 하늘이 펼쳐지더니 곧 먹구름이 나타났다. 집이 두꺼운 먹구름 층 속으로 들어가자, 굵은 빗방울이 마구 쏟아지기 시작했다. 우르릉 쾅 천둥이 울리고, 번쩍 번개가 쳤다.

고양이 에디슨이 무서운지 아로에게 와락 안겼다.

"헉, 숨 막혀. 고양이한테 깔려 죽네!"

아로는 사자만 한 에디슨의 몸집에 눌려 바닥에 납작 뻗어 버렸다.

집이 먹구름을 지나자 다시 해가 화창하게 빛났다. 남쪽으로 가는 철새들이 이런 새는 처음 본다는 표정을 지으며 창가를 지나쳐 갔다.

새를 발견한 에디슨이 새를 잡으려고 창밖으로 튀어 나

갔다. 깜짝 놀란 아로가 에디슨을 잡으려고 튀어 나가자, 아로를 잡으려고 건우와 혜리도 튀어 나갔다. 에디슨과 아로, 건우, 혜리는 대롱대롱 곶감처럼 창문에 매달렸다.

"잠시도 가만히 있질 못하는구나! 구해 줄 테니 조금만 기다려라, 우엑, 우엑!"

공부균 선생님은 헛구역질을 해 대면서도 넷을 끌어올리느라 진땀을 뺐다.

"선생님, 혹시 날개 돋게 해 주는 약 있으세요? 하늘을 날면서 구름을 먹어 보고 싶어요!"

건우가 솜사탕처럼 몽실몽실한 구름을 가리키며 물었다.

상상만 해도 입에 침이 고이는지 아로는 침을 꼴깍 삼켰다.

"구름 맛을 알면 날씨의 비밀을 알 수 있긴 하다만……."

공부균 선생님은 어질어질한지 눈동자가 빙글빙글 돌아갔다.

보다 못한 혜리가 엘리베이터의 '집' 버튼을 눌렀다. 그러자 과학교실이 무서운 속도로 땅 위에 떨어졌다.

"우엑!"

"엄마야!"

"킥!"

"으악!"

"야옹!"

과학교실은 눈 깜짝할 사이에 원래의 자리로 돌아왔다.

아로, 건우, 공부균 선생님과 혜리, 에디슨이 서로 뒤엉켜 비명을 질러 댔다.

"아이고, 내 짱구 머리가 더 짱구가 된 것 같군."

공부균 선생님은 이마의 땀을 닦았다. 땀을 얼마나 많이 흘렸는지 물에 빠진 것처럼 옷이 다 젖어 있었다.

"우와! 역시 공부균 선생님의 과학교실은 대단해요!"

창밖을 내다보던 아로와 건우가 환호성을 올렸다.

혜리만이 불만 섞인 눈빛으로 선생님을 쏘아보았다.

하지만 공부균 선생님은 아무 일도 없었다는 듯 씩 웃으며 헝클어진 머리를 쓸어 넘겼다.

"세균, 병균, 대장균은 나쁜 병을 옮기는 균이지만, 나 공부균은 공부를 열심히 하게 만드는 병을 옮기지. 애들아, 어때? 이만하면 세상에서 가장 유익한 균이라고 할 수 있겠지?"

"네, 맞아요!"

"신기하고 재미있는 과학교실과 공부균 선생님이에요."

아로와 건우는 신나서 말했다.

"우휴. 아빠 때문에 못 살아!"

고장 선생님 이름이 공부왕?

 공부균 선생님의 과학교실이 문을 연 지 한 달이 지났다. 하지만 학원생은 단 한 명, 옆집에 사는 아로뿐이었다.
 물론 과학교실을 들락거리는 사람은 있었다. 하지만 학원을 운영하는 데 별 도움이 안 되는 존재들이었다. 공부균 선생님의 딸 혜리, 아로를 찾으려고 가끔 들르는 아로의 친구 건우, 고양이인지 사자인지 구별 안 되는 먹보 고양이 에디슨. 그런데도 공부균 선생님은 언제나 웃는 얼굴을 하고 다녔다.
 이로를 처음 만났을 때 선생님은 이렇게 말했다.
 "공부를 좋아하게 만들어 주는 나, 공부균만 믿으렴. 곧 공부가 즐거워질 테니까."
 그 말이 정말이었을까? 그렇게 공부를 싫어하던 아로는 공부균에 감염된 것 같았다. 벌레처럼 끔찍하고, 오이처럼 맛없던 과학이 몹시 좋아졌기 때문이다. 그래서 시도 때도 없이 호기심이 튀어나왔다.

오늘도 그랬다. 아로는 학교 수업 시간에 손을 번쩍 들었다. 호기심이 불쑥 일었기 때문이다.

"선생님, 구름이 어떤 맛인지 아세요?"

선생님이 분수에 대해 가르쳐 주려고 칠판에 그려 놓은 빵 그림이 아로의 눈에는 몽실몽실한 구름처럼 보인 것이다.

'애가 또 날 괴롭히려고 하는군.'

선생님은 그런 표정을 지으며 손가락으로 안경다리를 살짝 들었다 내렸다.

"공부균 선생님이 그랬거든요. 구름 맛을 알면 날씨의 비밀을 알 수 있다고요. 아…… 지난번에 맛볼 수 있었는데, 안타깝게도 기회를 놓치고 말았어요."

"무슨 균이라고? 이아로, 질문하는 건 좋지만 지금은 수학 시간이야! 그리고 균은 우리 몸에 아주 나쁜 거니까 손을 깨끗하게 씻도록!"

선생님은 한숨을 내쉬고는 다시 칠판 쪽으로 몸을 돌려 분수 문제를 풀기 시작했다.

옆 분단에 앉은 건우가 손가락을 입술에 갖다 대며 아로에게 잠자코 있으라는 신호를 보냈다. 하지만 아로는 궁금한 건 참을 수 없었다.

'언젠간 꼭 먹고 말 거야! 엘리베이터의 E 버튼을 다시 눌러서 말이야.'

아로는 상상만으로도 기분이 좋아 킥킥댔다.

"이아로, 아직도 구름 맛이 궁금한 거니? 수학 시간에 구름 맛이라니! 대체 넌 커서 뭐가 되려고 그러니?"

선생님은 안타까운 눈빛으로 아로를 바라보았다. 하지만 아로는 터져 나오는 웃음을 참지 못하며 말했다.

"전 구름을 만드는 과학자가 될래요. 그리고 구름 위를 떠다니는 집도 만들 거예요. 그러면 학교에 올 때 사다리를 타고 내려와야겠지요? 아주 긴 사다리요……."

그때였다. 아로가 말을 끝마치기 전에 교실 앞문이 드르륵 열렸다. 아로에게는 천만다행한 일이었다. 선생님의 화가 폭발하려는 순간이었기 때문이다.

"어서 오십시오."

선생님이 얼른 달려가 허리를 깊이 숙이며 인사를 했다.

교실로 들어온 사람은 어떤 할아버지였다.

키는 선생님의 어깨에 올 만큼 작았고, 양쪽 코 밑에는 모기향처럼 뱅뱅 말아 올라간 수염 두 개가 달랑거리고 있었다. 다리 길이도 무척 짧아서 마치 황제펭귄 같아 보였다.

"으흠……."

짝달막한 할아버지는 뒷짐을 지고 교실 안을 천천히 둘러보았다.

"여러분, 새로 오신 공부왕 교장 선생님이세요. 모두 인사하세요."

아이들은 어정쩡한 목소리로 인사했다. 우스꽝스런 생김새에다 '공부왕'이라는 이름 때문에 몇몇 아이들이 킥킥댔다.

그러나 교장 선생님은 근엄한 표정을 지으며 뱅뱅 말린 수염을 죽 잡아당겼다가 살짝 놓았다. 수염이 스프링처럼 쭉 펴졌다가 다시 돌돌 말렸다. 교장 선생님은 콧등을 찡긋거리고는 말 한마디 안 하고 교실을 나가 버렸다.

"교장 선생님은 우리들을 좋아하시지 않는 것 같아. 난 아이들을 좋아하지 않는 어른은

단번에 알 수 있어. 특이한 냄새가 나거든. 이건 본능이라고!"

건우가 아로의 귀에 대고 낮은 목소리로 말했다.

하지만 아로는 딴 생각을 하느라 건우의 말이 들리지 않았다. 아로는 들릴 듯 말 듯한 소리로 이렇게 중얼거렸다.

"공부왕이라고? 과학교실 선생님 이름이 공부균인데……. 혹시 친척 아닐까? 아니면 공부균 선생님의 아빠?"

 비와 번개를 만드는 캡슐

"뭐니, 이게!"

신경질적인 엄마의 목소리가 들려왔다. 소파에 누워 있던 아로는 고개를 빠끔 내밀어 창문 너머로 엄마를 바라보았다. 오늘따라 엄마의 기분이 좋았다 나빴다 했다.

엄마는 앞뜰에서 이불을 걷고 있었다.

"해가 나서 빨래를 널면 비가 오고, 비가 와서 빨래를 거두면 다시 해가 나고……. 며칠째 날씨가 오락가락하니 빨래를 못 하겠네! 정말!"

엄마의 매서운 눈길이 아로를 향했다.

"뭘 보고 있어? 엄마 도울 생각은 안 하고!"

엄마가 문을 열어젖히더니 젖은 빨래를 아로에게 안겼다.

"날씨가 꼭 엄마 얼굴 같아요."

빨래를 받아 들며 아로가 말했다.

"뭐?"

"변덕스럽잖아요. 맑았다가 흐렸다가, 이랬다가 저랬다가, 왔다가 갔다가……."

그러자 엄마의 한쪽 눈썹 끝이 매섭게 올라갔다.

아로는 엄마의 표정이 무섭게 변하는 것도 모르고 또 엉뚱한 말을 했다.

"우리 집은 수성으로 이사 가서 살면 딱 좋을 텐데…….

이불 빨래 때문에 짜증 날 일도 없고…….."

"얘가 뭔 소리야? 수성동이란 곳이 우리 동네에 있니?"

"그게 아니고요. 태양에서 제일 가까운 행성 말이에요. 수성은 태양이랑 가까우니까 빨래가 금방 마를 거 아니에요."

엄마가 아랫입술을 질끈 깨물며 신음을 냈다.

"이아로! 엄마 농담할 기분 아니거든! 앞으로 네 옷은 네가 빨아!"

"어이쿠, 엄마 얼굴에 먹구름이 몰려왔네. 곧 천둥 번개가 치겠어."

아로는 얼른 자리를 피해야겠다고 생각했다.

"어휴. 이럴 때 공부균 선생님의 과학 쿠키가 있으면 얼마나 좋을까? 과학 쿠키를 먹으면 공기가 되어 눈 깜짝할 사이에 사라질 수 있을 텐데……."

아로는 얼른 집 밖으로 도망치려고 했다. 그런데 현관 앞에 개어 놓은 새 빨래에 진흙 묻은 운동화 자국을 선명하

게 내고 말았다.

"오늘 저녁 반찬은 간장밖에 없을 줄 알아!"

아로의 등 뒤로 호랑이 같은 엄마의 목소리가 들려왔다.

"휴, 이게 다 날씨 때문이야."

아로는 흐린 하늘을 쳐다보고는 동네를 어슬렁거렸다. 빗방울이 찔끔찔끔 떨어지는데다 특별히 갈 데가 없어서 아로는 다시 집 앞으로 돌아왔다.

그때 트럭 하나가 아로네 집 앞에 멈추었다. 한 아저씨가 트럭에서 내리더니 택배 상자를 들고 집 앞을 기웃거렸다.

"얘, 꼬마야. 혹시 공부균 씨 댁이 어디인 줄 아니?"

"여기 옆집인데요, 1층요."

아로가 옆집 대문을 가리키자, 아저씨는 과학교실의 대문을 쾅쾅 두드렸다. 아로는 얼른 달려가 아저씨에게 대문을 열어 주었다.

그러자 엘리베이터가 눈앞에 나타났다.

"이게 뭐냐? 이층집에 웬 엘리베이터? 게다가 버튼이 6개? 집, 교실, 땅, 물, 하늘, E……."

택배 아저씨는 어안이 벙벙한 표정으로 엘리베이터의 버

튼을 바라보았다. 어느 것을 눌러야 할지 몰라 고민하는 눈치였다.

"아저씨, 아무거나 누르시면 안 돼요. 물 버튼을 누르면 물속으로 가고요, 땅 버튼을 누르면 땅속으로, 하늘 버튼을 누르면 하늘로 가거든요."

"E는 뭐지?"

아저씨는 정신이 반쯤 나간 사람을 보는 눈으로 아로를 보았다.

아로는 까치발을 하고 아저씨에게 귓속말을 했다.

"이건 진짜 비밀인데요. E 버튼을 누르면 집 전체가 하늘로 솟구쳐 올라가요. 그래서 공부균 선생님이 절대 누르지 말라고 했어요. 하지만 전 꼭 다시 누를 거예요. 크크크."

아로는 손가락으로 승리의 V자를 그려 보였다. 아저씨는 그런 아로를 안됐다는 표정으로 보며 혀를 끌끌 찼다.

아저씨는 이상한 집과 이상한 아이에게서 얼른 벗어나야겠다고 생각하고 대문 밖으로 나왔다. 그리고 아로에게 상자를 내밀었다.

"아무래도 이 택배는 네가 가져다 드리는 게 좋을 것 같

구나. 세균인지 곰팡이인지 하는 분께 말이다."

"공부균은 나쁜 균이 아니에요. 세균, 병균, 대장균은 나쁜 병을 옮기지만, 공부균은 열심히 공부하게 만드는 병을 옮긴다고요. 그러니까 세상에서 가장 유익한 균이에요."

"맙소사!"

아저씨는 머리를 절레절레 내젓고는 도망치듯 트럭으로 가 버렸다.

아로는 자기 말을 믿지 않는 아저씨를 향해 어깨를 한 번 으쓱하고는 몸을 돌려 과학교실의 문을 열었다. 그러자 천장에서 주룩주룩 비가 내리고 있었다. 바닥과 소파와 집 안의 물건들이 빗물에 흠뻑 젖어 있었다. 고양이 에디슨이 비를 피해 창가에 앉아 있었다.

"선생님, 지붕에 구멍이 났나 봐요. 어서 고쳐야겠어요."

이로가 천장을 보며 말했다. 그런데 뻥 뚫렸을 거라고 생각했던 천장은 멀쩡했다.

아로는 고개를 갸웃거리며 이번에는 창밖을 내다보았다. 밖에는 비가 오고 있지 않았다.

"이상하다. 여기만 비가 내리는 거야?"

그때 혜리가 커다란 무지개 우산을 들고 나타났다.

"이게 다 아빠의 비 캡슐 때문에 벌어진 일이야. 마지막 남은 비 캡슐을 에디슨이 밟아 버렸지 뭐니."

"그럼 우산 쓰고 공부해야 하는 거야?"

"5분만 기다려. 그럼 먹구름이 사라지고 비도 그칠 테니까."

혜리는 두고 보라는 표정으로 천장을 가리켰다. 천장 위로 검은 먹구름이 둥실둥실 떠다니고 있었고, 그 먹

구름에서 비가 떨어지고 있었다.

　아로는 비를 맞지 않으려고 이쪽저쪽으로 먹구름을 피해 다녔다.

　혜리의 말처럼 5분이 지나자 감쪽같이 먹구름이 사라지고 비도 그쳤다. 에디슨이 다행이라는 듯 "야옹." 하면서 아로에게 달려들어 얼굴을 핥았다.

　"혜리야, 에디슨한테 밥은 준 거야? 얘가 이렇게 핥을 때마다 날 잡아먹으려는 것 같아 끔찍해."

　아로는 에디슨의 침을 손등으로 훔치며 말했다.

　"그런데 바닥이랑 소파가 다 젖어 버렸네. 이걸 어떻게 다 말리지?"

　아로가 머리를 긁적이며 물었다.

　"걱정 마. 햇볕 캡슐을 터트리면 돼. 그런데 햇볕 캡슐이 어디 있더라?"

　혜리는 과학 상자를 뒤지더니 아예 바닥에다 상자를 뒤집어 놓았다. 과학 상자 안에서 갖가지 실험 도구들이 와르르 쏟아져 나왔다.

　"그런데 선생님은 어디 계셔? 이 택배 상자 드려야 하는데……."

　아로는 과학교실을 여기저기 눈으로 살피며 물었다.

　띵동 띵동…….

　그때 심상치 않은 초인종 소리가 울렸다.

교실에서 날씨를 만들어요

"아로야, 여기 있니?"

과학교실 문이 쓱 열리며 누군가 안으로 들어왔다. 아로의 반 친구 건우였다.

건우는 '공부균 선생님의 과학교실'에 등록한 학원생이 아닌데도, 어찌된 게 정식 학원생인 아로보다 더 오래 과학교실에 있곤 했다. 공부균 선생님은 그런 건우를 아로와 똑같이 대했다.

"오늘 선생님이 들르라고 하셨거든. 뭐 보여 줄 게 있다고."

건우가 잔뜩 기대에 찬 얼굴로 말했다.

"아빠, 햇볕 캡슐이 어디 있는지 아세요? 거실을 말려야 해서요. 빨래도요."

혜리가 고개를 들고 천장을 향해 소리쳤다.

천장의 문이 열리면서 사다리가 사르르 내려왔다. 공부균 선생님이 노란 풍선을 하나 쥐고 사다리를 타고 내려왔다.

"오, 아로와 건우 왔구나. 햇볕 캡슐은 필요 없다. 내가 인공 태양을 만들었으니까."

공부균 선생님은 풍선 하나를 들고 있었다.

'설마 저 풍선이 태양은 아니겠지?'

아로는 그렇게 생각하며 바닥에 놓아둔 택배 상자를 들어 선생님에게 내밀었다.

"아! 드디어 왔군. 날씨 제조 키트!"

공부균 선생님이 반갑게 상자를 받았다.

"주문한 지가 언젠데, 너무 늦게 왔어요. 앞으로는 사람 편으로 택배 보내지 말라고 해야겠어요."

혜리가 툴툴거리며 말했다.

아로가 혜리에게 '사람이 택배를 배달하지 않으면 누가 배달하냐?'고 물으려는데, 공부균 선생님이 택배 상자를 열었다. 모두의 눈길이 상자 안으로 쏠렸다. 그런데 상자 안에는 다시 노란 상자가 있었다. 노란 상자를 여니 빨간 상자가 들어 있었다. 다시 빨간 상자를 여니 분홍 상자, 분홍 상자를 여니 초록 상자가 있었다. 이렇게 상자를 열 개쯤 열자 마지막에 무지갯빛 작은 상자가 남았는데, 성냥갑보다 더 작아 보였다.

"이게 뭐예요?"

아로와 건우의 눈동자가 호기심으로 반짝거렸다.

"이건 '내 맘대로 날씨 제조

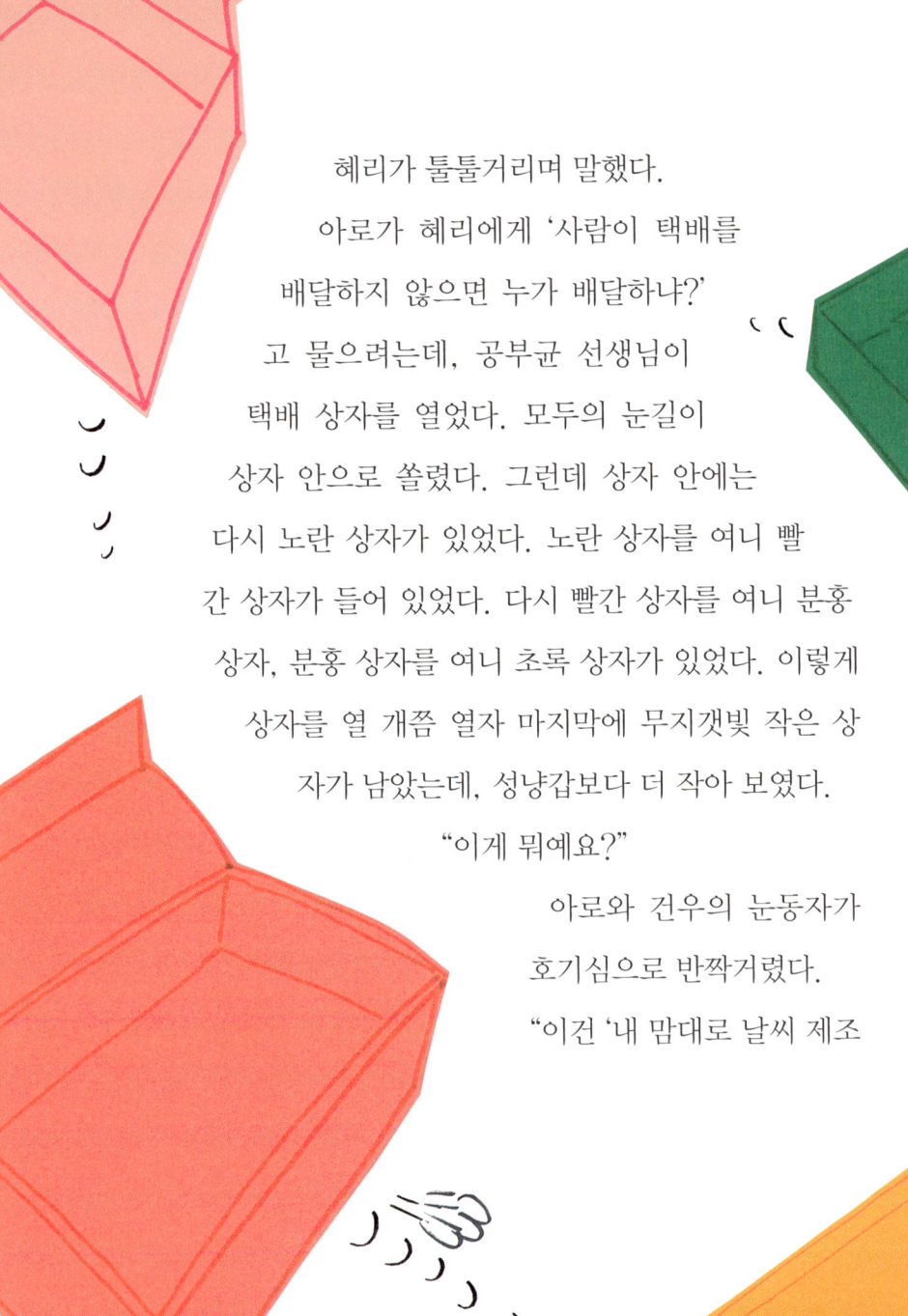

키트'라는 거야."

무지갯빛 상자 안에는 알록달록한 아주 작은 캡슐들이 들어 있었다. 캡슐마다 태양, 바람, 비, 구름이 그려져 있었다.

"감기약처럼 생겼는데요?"

건우가 캡슐을 만지려고 하자, 혜리가 건우의 손등을 살짝 쳤다.

"함부로 건드리지 마. 지난번에 화산 키트를 잘못 건드렸다가 화산이 폭발했었다고! 그때 지붕이 날아갔었다니까."

"에이, 설마……. 선생님, 이 약으로 뭘 하시려고요?"

아로가 물었다.

"흠, 날씨를 만들어 볼까 한다."

"네? 신도 아닌데 어떻게 날씨를 만들어요?"

아로와 건우가 흥분해서 소리쳤다.

"아빠, 조심하세요. 비 캡슐이 터지

면 또 장대비가 쏟아질 테니까요.”

혜리가 긴장한 얼굴로 말했다.

“그런데 선생님, 날씨는 꼭 어른들 얼굴 같아요. 화냈다가 웃었다가 이랬다가 저랬다가…….”

“날씨는 변덕쟁이 같아요. 뉴스에서 그러잖아요. 한 번도 겪어 보지 못한 무시무시한 기후가 온다고요. 엄청나게 덥고, 엄청나게 춥고, 엄청난 바람이 불고, 엄청난 비가 내리잖아요. 이건 정말 지구에 엄청난 재앙이에요!”

아로가 금방이라도 폭우가 쏟아질 것 같은 얼굴로 투덜거렸다.

“지구가 병들어서 기후 위기가 온 거란다. 날씨를 만들기 전에 날씨가 왜 변하는지 알려 줘야겠구나. 아로야, 창고에서 지구본 좀 가져다줄래?”

지구본을 가지러 창고 안으로 들어갔던 아로가 갑자기 비명을 꽥 질렀다.

“까아악!”

“무슨 일이야? 창고에 괴물이라도 사는 거야?”

아로가 지구본을 등 뒤로 숨기고 창고에서 나오며 말

했다.

"선생님, 절 믿으시죠? 제가 그런 게 아니거든요!"

"뭘 말이니?"

"제…… 제가 지구본을 망가뜨린 게 아니라고요."

"지구본이 망가졌니?"

아로가 뒤로 숨겼던 지구본을 조심스럽게 내밀었다.

"기울어졌어요. 제가 안 그랬는데…….''

"어? 지구본이 불량품인가 본데요?"

건우는 아로의 말을 믿는다는 뜻으로 말했다.

그러자 "휴!" 하고 공부균 선생님이 한숨을 폭 내쉬었다.

"불량품이 아니라 지구본은 원래 기울어져 있어. 지구가 살짝 기울어져 있으니까."

"아하, 그런 거였어요? 휴, 다행이다. 난 또 누명 쓰는 줄 알았네."

아로가 가슴을 쓸어내렸다.

혜리가 그런 건우와 아로를 한심하다는 표정으로 보며 말했다.

"이런 너희를 어쩌면 좋냐?"

공부균 선생님은 지구본을 책상 위에 올려 놓고 플러그를 콘센트에 꽂았다. 그리고 지구본 받침대의 버튼을 공부균 선생님이 눌렀다.
 부웅.
 지구본이 공중에 둥실 떠오르더니 제자리에서 빙글빙글 천천히 돌기 시작했다.
 "우와!"
 "이것은 공기!"
 공부균 선생님이 외치자, 뿌연 연기 같은 것이 생기면서 지구본 주변을 휘감았다.
 "실제로 공기는 우리 눈에 보이진 않아. 하지만 너희가 이해하기 쉽게 눈에 보이게 만들었단다. 우리가 사는 지구는 공기로 둘러싸여 있어. 이 공기를 '대기'라고도 해."
 "아하!"
 아로와 건우가 입을 모아 대답했다.
 "날씨란 바로 이 공기가 변하고, 움직이는 것이지."
 "네? 비가 오고 바람이 부는 게 공기 때문이라고요?"
 아로의 눈이 커졌다.

"다시 말하면, 날씨란 '지구를 둘러싼 공기의 상태'다, 이 말이지. 공기가 따뜻해지면 날씨도 따뜻해지고, 공기가 차가워지면 날씨도 추워져."

아로와 건우는 선생님의 말이 무슨 뜻인지 몰라 서로 멀뚱하게 보며 머리를 긁적였다.

"그러면 빨래를 빨리 말리려고 수성으로 이사 갈 필요가 없겠네요?"

아로가 묻자 선생님이 웃으며 말했다.

"수성으로 왜 이사 가려고?"

"우리 집에 젖은 빨래가 너무 많거든요. 수성은 태양과 가장 가까우니까 빨래가 빨리 마를 거 아니에요."

"그런데 어떡하니? 수성에는 날씨가 없는데!"

"네? 정말요? 그럼 금성은요? 목성은요?"

"수성, 금성, 화성, 목성, 달……. 모두 날씨가 없단다! 태양계의 행성 중에서 날씨 현상이 있는 곳은 지구뿐이야."

"와, 우리가 아주 특별한 행성에 살고 있구나!"

아로와 건우가 똑같이 감탄을 터뜨렸다.

"그런데 왜 지구에만 날씨가 있을까?"

"사람이 살고 있으니까요."

건우가 대답하자, 공부균 선생님이 웃으며 말했다.

"그건 순서가 바뀐 거지. 날씨 현상이 있기 때문에 지구에 생명체가 살 수 있게 된 거니까."

"공기가 있기 때문이에요?"

아로가 조심스럽게 물었다.

"물론 공기가 있어야지. 태양도 있어야 하고. 그런데 금성이나 화성, 목성에도 대기가 있거든. 대기가 있고 태양이 있는데, 왜 지구처럼 날씨 현상이 나타나지 않을까?"

"지구에만 있는 게 뭐지?"

아로가 골똘히 생각하며 중얼거렸다.

"그건 수증기야. 수증기가 없으면 날씨가 안 나타나."

혜리가 끼어들었다.

공부균 선생님이 미소 지으며 고개를 끄덕였고, 역시 과학 선생님의 딸답게 아는 게 많다고 건우는 생각했다.

공부균 선생님이 지구본 받침대의 파란 버튼을 눌렀다. 그러자 공중에 떠 있는 지구본 위로 몽실몽실한 구름이 생

겼다. 이어서 지구 곳곳에 비가 오고 눈이 내렸다.

"와, 신기하다! 진짜 지구 같아!"

아로와 건우가 손뼉을 치며 좋아했다.

그와 동시에 호시탐탐 기회를 노리던 에디슨이 책상 위로 펄쩍 뛰어올라 지구본을 앞발로 끌어안았다. 그리고 눈 깜짝할 사이에 지구본 위에 떠다니던 구름을 날름 핥아먹고는 책꽂이 위로 훌쩍 올라갔다.

"뭐야! 에디슨이 다 먹어 버렸어. 지구본에 침까지 잔뜩 묻혀 놨잖아!"

건우가 울상을 지으며 말했다.

"구름이 솜사탕인 줄 알았나 봐. 그런데 구름 맛은 어떨까? 정말 솜사탕 같을까?"

아로는 아쉬워하며 입맛을 쩝쩝 다셨다.

기후 변화와 지구 종말의 날

두 번째 실험
바람은 왜 부는 걸까?

창의력 호기심

바람은 왜 부는 걸까?
왜 남극과 북극은 춥고, 적도 지방은 더울까?
높은 산은 태양과 더 가까운데,
왜 높은 산에 올라가면 더 추울까?

네 맘대로 일기 예보

"자, 그러면 날씨를 만들어 볼까?"

공부균 선생님이 짱구 머리를 손으로 쓸어 넘기며 말했다. 그 모습이 맛있는 요리를 만들려는 요리사 같았다.

아로와 건우는 반짝이는 눈동자로 선생님을 바라보았다. 마치 놀이기구를 타려고 줄을 선 아이들 같은 표정이었다.

공부균 선생님은 서랍에서 까만 리모컨 하나를 꺼냈다.

"텔레비전 보시게요?"

아로가 물었다.

"아니. 이건 날씨 리모컨이야. 지구의 날씨를 버튼 하나로 바꿀 수 있지."

아로와 건우는 어깨 너머로 공부균 선생님의 손에 쥐어진 날씨 리모컨을 보았다. 리모컨은 텔레비전 리모컨보다는 조금 컸고, 버튼에는 번호 대신 이상한 기호들이 쓰여 있었다. 아로는 처음 보는 기호였다.

　아로는 리모컨을 눌러 보고 싶어 손가락이 근질근질했다.

　'뭐지? 저 콩나물처럼 생긴 건? 날씨와 콩나물이 무슨 관계지?'

　건우는 호기심이 샘물처럼 퐁퐁 솟았다.

　하지만 새침한 혜리는 관심 없다는 표정을 지었다.

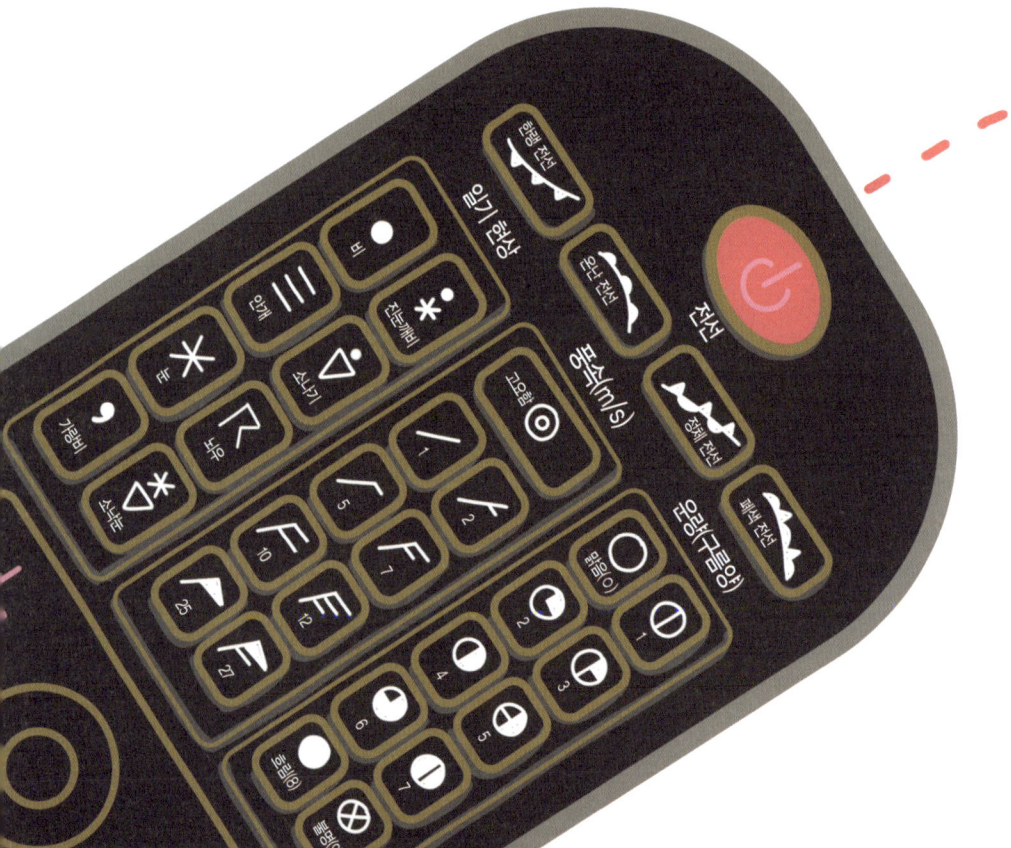

"난 하나도 안 신기하네, 뭐."

공부균 선생님이 리모컨의 빨간색 전원 버튼을 꾹 눌렀다. 그러자 공중에 떠 있는 지구본에 불이 반짝 들어왔다가 사라지더니 지구본이 천천히 돌기 시작했다. 지구본에서 "꿀꿀꿀." 돼지 울음소리가 울려 나왔다.

"지구본 속에 돼지가 있어요!"

아로가 깜짝 놀라 외쳤다.

"꿀꿀꿀, 이곳은 돼지별! 니 맘대로 일기 예보를 알려 드리겠수다. 한번 들어 보던가, 말던가."

"기상 캐스터가 돼지라니! 예쁜 누나가 아니고……."

아로가 실망스런 목소리로 말했다.

"꿀꿀꿀, 나쁜 지구인들 때문에 어제까지만 해도 강풍과 폭우, 추위가 몰아치던 지구의 날씨가 오늘은 웬일로 기상 재해가 없겠수다. 따뜻해서 돼지들이 나들이하기에 좋겠수다. 구름 조금, 기온 14도, 강수량 0.0밀리미터……. 하지만, 지구가 아파 갑자기 닥치는 기상 재해는 기상청 할아버지도 모른다는 사실!"

"흥, 난 돼지고기 싫어!"

혜리가 콧방귀를 꼈다.

공부균 선생님이 리모컨의 버튼을 누를 때마다 돼지 기상 캐스터는 지구 곳곳의 일기 예보를 알려 주었다.

아로는 지구본을 가만히 바라보다가 형광등에 불이 번쩍 들어오는 것처럼 호기심이 반짝했다.

"그런데 왜 지구는 지역마다 날씨가 다른 거예요? 어떤 곳은 비가 오고, 어떤 곳은 몹시 춥고, 어떤 곳은 아주 덥

잖아요. 어떤 곳은 태풍이 불고요."

"그건 바로 태양이······."

공부균 선생님이 대답하려고 할 때, 전화벨이 "랄랄라 울랄라." 하고 울렸다. 선생님이 전화를 받더니 아이들에게 말했다.

"급한 일이 생겨서 잠깐 나갔다 와야겠구나. 방금 가르쳐 준 날씨에 대해 공부하고 있어라."

"걱정 마시고 다녀오세요."

아로가 신이 나서 허리까지 꾸벅 숙이며 말했다.

아로의 눈은 아까부터 날씨 리모컨에 쏠려 있었다.

선생님이 과학교실 밖으로 나가자마자 아로는 냉큼 날씨 리모컨을 움켜쥐었다.

"지금부터 지구에 초특급 날씨 쇼가 펼쳐지겠습니다!"

아로는 "흐흐." 웃으며 날씨 리모컨의 버튼을 마음대로 누르기 시작했다.

휭, 휘이잉.

고요했던 지구본에 바람이 불기 시작했다. 아로가 ➕ 버튼을 누를수록 바람이 더 거세지더니 태풍으로 변해 몰아쳤다.

"우와, 저 파도 봐. 육지를 완전히 덮치겠어!"

아로가 흥분해 소리쳤다.

"그런데 이건 무슨 버튼이지?"

옆에서 보던 건우가 빨간색 버튼을 눌렀다. 그러자 바다 한가운데가 끓기 시작했다.

"꿀꿀꿀, 긴급하게 알려 드리수다. 이제 곧 바다 밑에서 화산이 폭발하겠수다! 해일이 몰아치겠수다!"

돼지 기상 캐스터의 말대로 바다가 부글부글 끓더니 우르릉 쾅 지진이 일어나고, 땅이 쩍 갈라졌다.

쾅, 콰쾅!
펑, 퍼펑!

곧이어 화산이 폭발하고, 엄청난 해일이 몰아쳤다.

"으아아악!"

아로와 건우와 혜리가 비명을 질렀다. 놀란 에디슨은 어느새 천장에 달린 전등에 올라가 있었다.

"꽥꽥꽥, 모두 대피하수다, 대지진이수다! 지구도 끝장이수다! 꾸엑, 꾸엑!"

돼지 기상 캐스터의 비명 소리가 과학교실에 쩌렁쩌렁 울려 퍼졌다. 지구본은 폭발할 것처럼 부르르 떨더니 펑펑 소리를 내며 터지기 시작했다. 지구 종말의 날처럼 불꽃이 터지고 물벼락이 쏟아졌다.

"돼지 살려! 너희 때문에 돼지별이 끝장났다! 꾸엑, 꽥!"

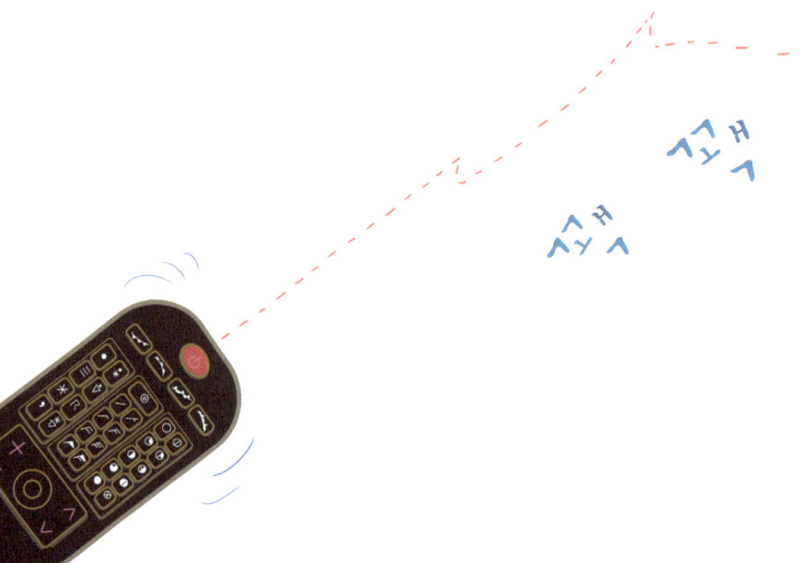

돼지 멱 따는 소리가 들렸지만, 과학교실 밖은 아무 일도 없이 평온했다. 창문 밖으로 세탁소 아저씨의 오토바이가 지나갔다.

겁에 질린 아로와 건우, 혜리는 책상 밑으로 기어가 숨었다.

"이러다가 지구본이 폭발하겠어!"

"지구본이 폭탄이냐? 폭발하게?"

"엘리베이터를 눌러! 여기서 탈출하자!"

그때 문이 덜컹 열렸다.

"이게 무슨 일이야?"

공부균 선생님의 눈이 휘둥그레졌다.

"비상 버튼! 비상 버튼!"

공부균 선생님은 불꽃과 물벼락을 헤쳐 날씨 리모컨을

찾고는 안전 버튼을 마구 눌러 댔다. 그러자 날씨 소동이 서서히 가라앉았고 과학교실은 조용해졌다.

"휴, 대체 무슨 소동이냐?"

아로와 건우가 미안한 표정을 지으며 책상 밑에서 기어 나왔다. 동그랬던 지구본은 찌그러진 깡통처럼 울퉁불퉁해 있었다.

"지구본이 완전히 짱구가 됐구나."

"꼭 선생님 머리 같은데요."

"난 이렇게 못생긴 지구본은 처음 봐."

물벼락을 맞은 아이들은 서로를 바라보며 킥킥 웃었다.

공부균 선생님도 혼을 내기는커녕 함께 웃었다.

과자를 먹고 태양과 지구가 되었어요

"……꾸, 꾸, 꾸웅…….."

돼지 기상 캐스터가 완전히 작동을 멈추고 말았다.

"날씨 리모컨이 고장 났으니 어떻게 과학 공부를 하지?"

공부균 선생님이 난감한 표정을 지었다.

"있잖아요, 아빠가 잘 만드는 거."

혜리가 소파에 앉으면서 말했다.

"아, 그렇지! 변신 쿠키와 젤리!"

공부균 선생님이 손가락을 딱 튕겼다. 그러고는 쟁반에 잘 구워진 쿠키와 말랑말랑한 젤리를 담아 가지고 나왔다.

"간식 시간이에요? 제가 제일 좋아하는 바로 그 시간?"

아로가 벌써 침을 꼴깍 삼키면서 쟁반을 바라보았다. 에디슨도 먹고 싶어서 침을 질질 흘렸다. 선생님은 에디슨이 집어먹지 못하게 손바닥으로 쟁반을 가리면서 아로와 건우를 불렀다.

쿠키는 태양 모양이었고, 젤리는 지구 모양이었다. 입에 넣자마자 사르르 녹을 것처럼 달콤한 냄새가 풍겼다.

"어떤 걸 먹을래?"

"전 쿠키요!"

"저는 젤리요!"

건우는 쿠키를, 아로는 젤리를 한입에 넣었다. 쿠키가 입 속에서 아작하고 부서졌다. 지금까지 한 번도 맛보지 못한 맛이었다.

"건우야, 무슨 맛이야?"

아로가 입을 오물거리며 물었다.

"똥꼬에서 반딧불이 반짝거리는 느낌이랄까? 너는?"

"음…… 겨드랑이에서 강아지가 뒹굴면서 꼬리를 흔드는 느낌?"

앗, 이게 어떻게 된 일일까? 아로와 건우의 몸에서 이상한 반응이 일어나기 시작했다.

"어? 왜 이러지? 내 몸이 어떻게 되는 거야?"

"으악! 내 몸이 왜 이래? 젤리처럼 물렁물렁해지고 있어!"

아로와 건우의 발가락이 점점 작아지더니, 다리를 지나 배와 가슴도 작아지기 시작했다.

"내 머리카락! 내 다리! 내 발! 으악! 내 손가락!"

"우리 이러다가 죽는 거 아니야? 선생님, 살려 주세요! 마법에 걸렸나 봐요!"

아로와 건우는 겁에 질린 얼굴로 공부균 선생님을 바라보았다. 하지만 선생님과 혜리는 흐뭇한 얼굴로 '역시 약효가 잘 듣는군.' 하고 생각하고 있었다.

"내 몸이 빨갛게 변하고 있어. 앗, 뜨거워!"

건우가 소리쳤다.

"내 몸은 초록색으로 변하고 있어. 혹시 도마뱀이 되는 건 아니겠지?"

아로가 자기 몸을 살피며 말했다.

잠시 뒤 참으로 놀라운 일이 벌어졌다.

건우와 아로가 있던 자리에 빨갛게 달아오른 태양과 초록빛 지구가 둥실둥실 떠 있었다.

"이게 뭐야? 내가 태양이 된 거야?"

"난 지구가 됐어! 내 코는 산이 되고, 입은 바다로 변했어!"

 아로와 건우는 변해 버린 자신들의 모습을 보자, 울음을 터뜨리고 싶었다.

 "선생님, 설마 이렇게 하고 학교에 가야 하는 건 아니겠지요? 친구들이 뜨겁다고 저한테 오지 않을 것 같아요!"

 "그러니까 아빠, 애들한테는 처음부터 잘 설명해 줬어야 한다니까요. 아로 얼굴을 보세요. 파랗게 질렸잖아요."

 혜리가 안됐다는 표정을 지으며 아로를 바라보았다.

 "하하핫, 그렇게 당황할 필요 없다. 날씨에 대해 공부하려고 잠시 변신한 것뿐이니까. 공부가 끝나면 원래대로 돌아올 거야."

 "휴."

 건우와 아로가 안도의 한숨을 쉬었다. 그러자 태양으로 변한 건우의 입에서 불꽃이 펄렁 하고 일었다.

 "아까 아로가 이런 질문을 했었지? 왜 지구는 지역마다 날씨가 다르냐고. 어떤 곳은 비가 오고, 어떤 곳은 몹시 춥고, 어떤 곳은 뜨겁고, 어떤 곳은 태풍이 부냐고. 맞지?"

 "네, 그랬는데 선생님이 태양까지만 말씀하시고 외출하

셨잖아요."

"그래. 이제부터 날씨에 대한 비밀을 몸으로 알아보자."

"아로야, 지구에 날씨가 왜 생기는지 알겠니?"

"건우 때문이에요!"

아로가 짜증 난 목소리로 대답했다.

"내가 왜? 내가 뭘 어쨌다고?"

건우가 눈을 동그랗게 뜨며 물었다.

"너 때문에 더워 죽겠어! 지구라서 옷도 벗을 수 없고!"

"바로 그거야!"

공부균 선생님이 손바닥을 짝 쳤다.

"지구의 날씨는 태양과 아주 중요한 관련이 있단다. 기온이 올라간다는 건 지구 공기의 온도가 올라간다는 뜻이거든. 그럼 누가 공기의 온도를 올리는 걸까?"

"건우……. 아니, 태양이요."

아로가 대답했다.

"그렇지. 태양이 에너지를 보내서 지구 공기의 온도를 올라가게 만드는 거야."

"하늘 높이 올라갈수록 공기가 차가워진다고 하잖아요.

하늘 높이 올라갈수록 태양과 가까워지는데, 왜 공기가 차가워져요? 더 따뜻해져야 하는 거 아니에요?"

건우가 물었다.

"오호, 그거 정말 좋은 질문이로구나. 역시 내 제자답다."

"뭐라고요? 건우가 어떻게 선생님의 제자예요? 학원생이 아니잖아요, 얘는 나랑 놀려고 날마다 여기 오는 거라고요! 과학교실의 정식 제자는 저예요!"

아로가 소리쳤다.

그러나 공부균 선생님은 "으흠." 하면서 지구로 변한 아로를 톡톡 건드릴 뿐이었다.

"지구 공기의 온도는 태양열보다 지구 표면 온도의 영향을 더 크게 받아. 태양열이 지구 표면을 데우면 지표면이 다시 공기 온도를 높이지. 그래서 땅에서 하늘로 올라갈수록 지구의 공기는 차가워져."

"아하, 햇볕이 공기보다도 지표면을 더 달구는 거구나."

건우는 신이 나서 몸을 흔들면서 힘을 주었다. 그러자 햇빛이 더 뜨겁게 뿜어 나왔다.

지구 공기 온도는 태양열보다 지구 표면 온도의 영향을 더 받는단다. 태양열이 지구 표면을 데우면, 그 열이 지구 공기 온도를 높이지. 그래서 땅에서 높이 올라갈수록 추운 거야.

태양 가까이 가면 더 뜨거워야 하는데, 왜 높이 올라갈수록 더 추워요?

남극과 북극으로 갈수록 춥고, 적도 부근으로 갈수록 더운 것은, 남극과 북극은 태양열을 적게 받고, 적도는 태양열을 많이 받기 때문이야.

"그런다고 내가 물러설 줄 알아? 이 가짜 학원생아!"

아로가 몸을 비틀며 소리쳤다. 아마 다리가 있었다면 건우를 한 방 걷어찼을 것이다.

공부균 선생님이 그런 둘을 보며 웃으며 말했다.

"태양이 가장 높이 떠 있을 때를 태양의 고도가 높다고 하지. 그때가 지표면 온도가 가장 많이 올라간단다."

"아빠, 가장 기온이 높을 때는 오후 2시잖아요. 그런데 태양이 가장 높이 떠 있는 때는 12시잖아요. 왜 12시가 아

니라 2시가 더 기온이 높아요?"

혜리가 눈을 동그랗게 뜨며 물었다.

"그건 햇빛을 받은 지표면이 공기를 덥히는 데 시간이 걸리기 때문이지. 그래서 두 시간 정도가 지난 낮 2시쯤에 기온이 가장 높아지는 거야."

선생님의 설명에 아로가 고개를 크게 끄덕였다.

미소 띈 얼굴로 건우를 바라보던 공부균 선생님이 손목시계를 보며 말했다.

"자, 날씨에 대해 공부했으니 이제 원래 모습으로 돌아가야지. 준비됐지? 3, 2, 1…… 원래대로!"

그 순간, 방금 전까지 이글거렸던 태양의 불꽃이 건우의 머리카락으로 돌아왔다. 또 높게 솟은 산들과 죽 뻗은 산맥들은 아로의 손과 발로 바뀌었다. 아로와 건우의 몸이 원래 모습을 되찾았다.

"휴, 지구로 사는 건 쉬운 일이 아니야."

아로가 한숨을 내쉬며 말했다.

"난 괜찮았는데!"

건우가 어깨를 으쓱했다.

"다음에는 내가 쿠키를 먹어야겠어. 그래서 널 아주 바삭하게 태워 버릴 테다!"

아로가 건우를 노려보며 소리쳤다.

아로야, 울지마!

　5월에 부는 봄바람은 사람들을 나른하게 만들었다. 아이들은 급식으로 나온 돈가스를 배부르게 먹고 난 뒤라, 교실은 졸음으로 가득 찼다. 하품이 교실 전체에 전염병처럼 번졌다. 아로와 건우도 입을 쩍 벌리고 하품을 했다. 그때마다 눈물이 찔끔 났다.

　5교시는 과학 시간이었다. 아로는 과학은 좋아하지만, 과학 수업은 따분했다. 선생님은 무조건 외우라고만 했다. 그리고 아이들에게 제대로 외웠는지 확인했다.

　"자, 간단한 시험을 보겠어요. 물 위에 떠서 사는 식물로는 뭐가 있다고 그랬지요? 이아로?"

　선생님은 아이들을 주욱 훑어보다가 아로에게 눈길을 주었다.

　"……두꺼비밥, 아니 파리밥요."

"뭐? 개구리밥이랬지! 그리고 또?"

"……."

"부레옥잠, 생이가래. 꼭 외워 두라고 그랬지요? 그럼 물속에 사는 식물로는 뭐가 있다고 그랬지요?"

"……."

"어휴, 답답해!"

선생님은 화가 난 고릴라처럼 보였다. 선생님의 목소리가 커질수록 아로는 점점 작아지는 것 같았다. 작아지고 작아져서 먼지가 될 것만 같았다.

"자, 선생님을 따라 외워요. 무조건 외워야 해요! 구구단처럼 달달 외워요. 알았지요? 선생님이 물어보면 자다가도 벌떡 일어나 대답할 수 있을 정도로 외우고, 또 외워요!"

아이들은 선생님의 입을 보고 앵무새처럼 따라 외치기 시작했다.

"물 위에 떠서 사는 식물은 부레옥잠, 개구리밥, 생이가래. 물속에 사는 식물은 검정말, 물수세미, 붕어말, 나사말. 높은 산에 사는 식물은 두메양귀비, 솜다리."

'물 위에 떠서 사는 식물이 더 있을 텐데, 왜 선생님은 만날 세 가지만 외우라는 거지? 또 높은 산에 사는 식물은 얼마나 많은데 왜 만날 두 가지만 가르쳐 주시는 걸까?'

아로는 궁금증이 불쑥불쑥 일었지만 질문할 수 없었다. 이런 분위기에서 질문한다면 선생님은 고릴라보다 더 무서운 킹콩으로 변해 콧김을 훅훅 뿜으며 화낼 게 뻔했기 때문이다.

"시험에 꼭 나와요. 꼭! 외워요. 꼭!"

선생님은 '꼭'이란 말을 세 번이나 하며 강조했다.

아로는 하품을 계속했다. 다른 아이들처럼 선생님을 따라 입을 벙긋벙긋하긴 했지만, 머릿속으로 들어오는 건 하나도 없었다.

'공부균 선생님은 외우라는 게 하나도 없는데, 우리 선생님은 왜 만날 외우라고 할까? 외우지 않고도 과학 시험을 잘 보는 방법은 없을까?'

아로는 얼른 학교를 마치고 과학교실로 달려가고 싶었다. 과학교실에서는 공부가 놀이고, 교실은 놀이터였다.

다시 아로는 입이 귀에 닿을 정도로 크게 하품하기 시작했다. 그러다가 깜짝 놀라 턱이 빠질 뻔했다. 복도에서 누군가가 교실을 들여다보고 있었기 때문이다.

"앗, 펭귄 선생님!"

아로는 자기도 모르게 교장 선생님의 별명을 외쳤다.

창밖에 서 있던 사람은 바로 공부왕 교장 선생님이었다. 교장 선생님은 펭귄처럼 다리가 짧고 배가 나왔다. 수업 시간에는 뒷짐을 지고 복도를 왔다 갔다 하면서 아이들이 수업하는 모습을 지켜보았다.

"표정이 없어. 완전 로봇 같아!"

황제펭귄 선생님

건우가 아로의 귀에 대고 속삭였다.

"날마다 시험을 보게 만든 것도 교장 선생님이래. 교장 선생님은 1등만 좋아한대. 내 말이 맞지? 교장 선생님은 우리 같은 보통 아이들은 좋아하지 않는다고!"

건우는 아로에게 대단한 비밀을 알아냈다는 듯한 표정을 지어 보였다.

"건우! 수업 시간에 왜 떠들고 있어? 높은 산에 사는 식물이 뭐라고?"

"개다리요."

"뭐? 솜다리라니까!"

건우는 화들짝 놀라 겁에 질린 거북이처럼 목을 쑥 움츠렸다.

"선생님, 밖에 나가 직접 식물을 보면서 공부하면 어떨까요? 그럼 외우지 않아도 금방 배울 수 있을 거 같은데요."

아로가 말했다.

그러자 다른 아이들도 "맞아요, 맞아. 얼른 밖에 나가요." 하면서 떼를 썼다.

"모두 조용! 창밖을 보렴. 바람이 심하게 불어서 나갈 수가 없어. 흙먼지도 많이 날 거야."

아이들은 실망한 표정을 지으며 창밖을 물끄러미 바라보았다. 아이들은 마치 어항에 갇혀진 어린 물고기들 같았다. 5월의 햇살 속을 마음껏 뛰어다니고 싶은 마음이 간절했다.

"자자, 창밖은 이제 그만 보고 과학 교과서를 보세요. 지난 시간에 여러분에게 가르쳐 줬지요? 공기는 기체라고요. 공기는 눈에 보이지 않아요. 그렇지요, 여러분?"

"아니에요. 공기는 눈에 보여요."

아로가 말했다.

"공기가 어떻게 눈에 보인다는 거니?"

"전 날마다 공기를 보는 걸요. 지금도 보여요."

"이아로, 수업 방해하지 마라."

"정말이에요. 저기, 저기를 보세요. 공기가 보이잖아요."

아로는 창밖을 가리켰다.

그러자 아이들이 우르르 창가로 달려갔다.

"공기가 보여? 어디?"

"저기, 저기를 봐."

　아로의 손가락이 가리킨 것은 운동장 구석에 서 있는 나무들이었다. 플라타너스 나무들이 바람에 나뭇가지를 흔들며 춤추고 있었다.
　"어떻게 공기가 보인다는 거니?"
　선생님이 물었다.
　"나뭇가지가 흔들리고 있잖아요. 저게 바로 공기예요! 공기가 그러는 거라고요!"
　"뭐라고?"
　아이들이 동시에 소리쳤다.
　"말도 안 돼! 아로가 거짓말한 거야."
　"저건 바람이 부는 거지. 무슨 공기라고 그래?"

아이들이 아로를 노려보았다.

"모두 자리에 가서 앉아라. 이아로는 앞으로 잘 알아보고 말해라. 궁금한 게 있으면 수업 끝나고 물어보고. 앞으로 누구든지 수업 시간에 엉뚱한 질문 하면 선생님은 대답하지 않을거야."

선생님의 얼굴이 빨갛게 달아올랐다. 정말 화가 많이 난 것 같았다.

"공기는 분명히 눈에 보이는데……. 공부균 선생님이 그랬는데……."

아로는 고개를 푹 숙인 채 중얼거렸다.

'과학은 좋지만, 과학 시간은 너무 싫어.'

아로의 눈동자가 아른거리더니 눈물이 볼을 타고 흘렀다. 아로는 선생님한테 들키지 않으려고 손등으로 얼른 눈물을 닦았다.

달나라의 발자국은 누구 발자국?

아로는 시무룩한 얼굴로 과학교실에 들어와 소파에 앉았다.

공부균 선생님과 혜리는 망원경으로 하늘을 관찰하고 있었다. 엄청나게 큰 망원경이 굴뚝처럼 이어져 있었다.

"혜리야, 아직도 있니?"

"네, 있어요. 여전히 그 자리에 있어요."

"똑같아? 달라진 점 없어?"

"없어요. 똑같아요."

공부균 선생님과 혜리는 한참 말을 주고받다가 아무 말 없이 시무룩한 얼굴로 있는 아로가 이상했다.

아로는 과학 시간에 있었던 일을 생각조차 하기 싫었다. 선생님과 아이들이 자신을 바라보던 눈빛을 떠올리자 눈물이 날 것만 같았다.

"아로야, 왜 그래? 무슨 일 있니?"

공부균 선생님이 아로에게 다가가며 물었다.

"공기가 눈에 보인다고 했는데, 아무도 제 말을 믿지 않았어요."

아로는 울먹이며 말했다.

에디슨이 그런 아로가 불쌍하다는 듯이 아로의 뺨을 핥았다.

"넌 공기가 눈에 보여?"

혜리가 물었다.

"나뭇잎이 흔들리는 걸 보고, 공기가 눈에 보인다고 그랬지. 그런데 아이들은 그게 공기가 아니라 바람이래. 분명히 공기가 움직여서 나뭇잎이 흔들렸던 건데……."

아로의 말에, 공부균 선생님이 미소를 지으며 말했다.

"공기가 이동하는 것을 바람이라고 해. 나뭇잎이 흔들리는 건 공기가 이동하면서 나뭇잎에 부딪히기 때문에 일어나는 거야. 그러니까 아로, 네 말이 맞아."

"그렇죠? 제 말이 맞죠? 으하하하. 그럼 그렇지. 내 말이 맞았어."

아로는 울먹이다가 말고 언제 그랬느냐는 듯 소파 위를 펄쩍펄쩍 뛰며 환호성을 올렸다. 그러자 다시 호기심이 퐁퐁 솟기 시작했다.

"선생님, 만약에 바람이 안 불면 어떻게 되나요?"

아로는 질문하다가 엄청나게 큰 망원경을 들여다보았다.

"바람이 보이니?"

혜리가 물었다.

"망원경으로 어떻게 바람이 보여?"

아로가 혜리를 쳐다보았다.

"그럼 뭐가 보이니?"

"발자국이 보이는데?"

"그건 달 표면에 찍힌 발자국이야."

"뭐? 그럼 외계인 발자국이야?"

혜리의 말을 들은 아로는 너무 놀라 입을 다물지 못했다.

"나 참, 최초로 달에 갔던 우주 비행사 몰라? 닐 암스트롱. 암스트롱이 남긴 발자국이 지금까지 있는 거잖아."

"맙소사! 어떻게 수십 년이 지났는데도 아직도 남아 있어?"

"달에는 바람이 안 불기 때문이란다."

공부균 선생님이 대답했다.

"달에는 공기가 없어. 그래서 공기가 이동하지 않으니까 바람도 없는 거지. 내가 암스트롱의 발자국을 계속 관찰해 왔지만 단 한 번도 발자국 모양이 흐트러진 적이 없었어. 처음 찍힌 그대로 지금까지 있는 거야."

"그런데 선생님, 바람은 왜 부는 거예요?"

"바람은 공기가 많은 데서 적은 데로 이동하기 때문에 부는 거야."

"공기가 많은 곳도 있고, 적은 곳도 있어요?"

아로는 고개를 갸웃거리면서 물었다.

"물론이지. 여기 이 수조를 보렴. 한쪽 수조에는 물이 많이 들어 있고, 다른 쪽 수조에는 물이 적게 들어 있어. 이 수조들이 연결된 이 꼭지를 열면 어떻게 될까? 물이 많은 쪽 수조의 물이 물이 적은 쪽 수조로 이동하지? 그래서 수조 두 개의 물 높이가 똑같아져."

"아, 그러네요."

"공기도 이 수조와 똑같아. 공기가 많은 곳에서 공기가 적은 곳으로 이동하는 거지. 그렇게 공기가 이동하는 걸 '바람이 분다.'고 해."

"알고 보니 정말 쉬운 원리였네요."

아로는 자기도 모르게 웃음이 났다. 답답했던 궁금증이 쉽게 풀렸기 때문이었다.

"공기가 많이 모여 있는 곳은 공기의 압력, 즉 기압이 높아 '고기압'이라고 해. 공기가 누르는 힘이 크다는 얘기지."

"공기가 적으면, 공기가 누르는 힘도 작아지겠네요?"

"그렇지. 그래서 '저기압'이라고 해."

"그래서 바람이 고기압에서 저기압으로 부는 거군요?"

"바로 그거야! 한쪽 수조에 물이 아주 많이 들어 있고, 다른 쪽 수조에 물이 아주 조금 들어 있으면, 물은 아주 빨리 흐르겠지? 바람도 마찬가지야. 고기압과 저기압의 기압 차이가 크면 클수록 바람은 아주 강하게 불어."

공부균 선생님은 여기까지 말하고 손목시계를 보았다.

"어이쿠, 벌써 시간이 이렇게 됐구나. 내가 약속이 있어서 급히 나가 봐야겠어. 그사이 아로는 망원경으로 달을 관측하면서 바람과 닐 암스트롱의 발자국에 대해 과학 일기를 쓰고 있으렴. 알겠지?"

공부균 선생님은 이렇게 말하고는 서둘러 과학교실을 나갔다.

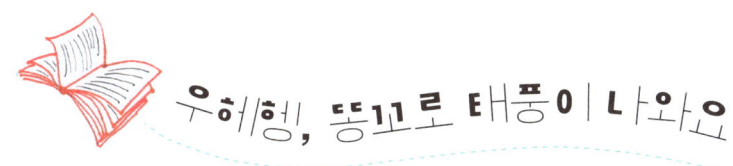

우히힝, 똥꼬로 태풍이 나와요

"앗, 깜짝이야!"

사이좋게 망원경을 보던 아로와 혜리가 화들짝 놀라서 소리쳤다. 등 뒤에 검은 그림자가 서 있었다.

"너 언제 들어왔어?"

건우였다.

"공부균 선생님, 어디 가셨니?"

건우는 아로와 혜리한테는 눈길도 안 주고 주변을 두리번거리며 물었다.

"건우, 넌 나랑 놀려고 과학교실에 오는 거냐, 공부하려고 오는 거냐?"

아로가 불만 섞인 목소리로 물었다.

"물론 너랑 놀려고 오는 거지."

그렇게 대답하면서도 건우는 계속 공부균 선생님을 찾느라 두리번거렸다.

"그런데 왜 올 때마다 선생님만 찾는 거야? 너 요즘 나보다 과학교실에 더 자주 오는 것 같아. 과학교실에는 나, 이아로만 정식 학원생이란 말이야. 넌 그냥 손님일 뿐이고."

"그건 그렇지. 그래도 난 선생님이 좋은걸? 그나저나 너희, 지금 뭘 보고 있던 거야?"

건우는 고개를 길게 빼면서 망원경에 눈을 갖다 댔다.

"안 돼! 학원비도 안 내면서 달 발자국을 보려고 하다니!"

건우는 주머니를 뒤적거리더니 식당에서 공짜로 받은 사

탕과 먹다 만 과자를 꺼내 아로와 혜리에게 내밀었다.

에디슨이 옆에서 침을 흘리면서 쳐다보았다.

아로는 사탕을 받아 입에 물고 망원경을 건우에게 넘겼다. 그러고는 뭔가 신기한 게 없을까 하며 선생님의 책상 서랍을 뒤적거리기 시작했다. 실험 도구들이 들어 있는 두 번째 서랍을 열었을 때 작은 유리병들이 아로의 눈에 들어왔다.

"이게 뭐지?"

손가락 두 마디 길이의 작은 유리병 안에는 갖가지 색의 액체들이 찰랑거리고 있었다. 코르크 마개에는 바람, 비, 구름 모양이 새겨져 있었다.

아로는 유리병 하나를 집어 흔들어 보았다. 텅 비어보였지만, 귀에 갖다 대자 "휘잉, 휘이잉." 하고 바람 소리가 났다.

"이게 뭐지? 아, 궁금하다. 선생님한

테 허락도 받지 않고 열어 보면 안 되는데……. 그래, 함부로 열면 나쁜 아이야. 나는 착한 아이지. 아무렴, 착하고말고."

아로는 자신에게 최면을 거는 것처럼 중얼거리면서 유리병을 다시 서랍 안에 넣으려고 했다. 그런데 이상하게도 아로의 손은 생각과는 정반대로 움직이고 있었다. 유리병을 쥐고 있는 아로의 손이 부들부들 떨렸다.

"딱 한 번만 아주 살짝 열어 보면 어떨까? 무슨 큰일이야 나겠어? 그래, 살짝 열어 보는 거야. 아무것도 안 들었을 수도 있잖아."

아로는 손가락에 힘을 주고 코르크 마개를 잡아당겼다.

마술 호리병처럼 유리병에서 뭔가가 휘이익 빠져나가는 것 같더니 회오리바람이 방 안에 몰아쳤다.

"으악!"

아로는 얼른 코르크 마개로 유리병 입구를 막았다. 그러자 다시 방 안이 잠잠해졌다.

"와, 신기하다. 대체 이 유리병 속에 뭐가 들은 거지?"

아로는 고개를 갸웃거리다가 다시 유리병 마개를 열었

다. 그러자 또 한차례 거친 회오리바람이 방 안 전체를 휩쓸었다. 아로는 몇 번이고 유리병을 열었다 닫았다 하면서 장난쳤다. 회오리바람이 몰아칠 때마다 책이 넘어지고, 물건들이 바닥으로 떨어지면서 방 안이 금세 어지러워졌다.

"이아로! 그 유리병, 제자리 안 둘래?"

방문 밖에서 혜리가 달려오며 소리쳤다.

"아빠가 유리병은 절대 건드리지 말라고 했단 말이야. 설명서 안 읽어 봤어?"

아로는 그제야 서랍 바닥에 붙어 있는 글을 보았다.
"어……. 설명서에는 절대 마시지 말라고 쓰여 있네."
아로가 중얼거렸지만 이미 늦고 말았다.
건우가 병뚜껑을 열고 안을 들여다보고 있었다.
"뭐야? 아무것도 없는데……. 왜들 그래?"
그 순간, 유리병에서 바람이 빠져나와 건우의 목구멍으로 쏙 들어간 것이다.

"방금 내 목구멍으로 뭔가 들어간 것 같은데? 이게 뭐지?"

건우는 눈을 동그랗게 떴다.

건우의 배가 점점 부풀어 오르더니 뱃속에서 바람이 일기 시작했다.

"킁, 흥, 흐응."

건우가 콧구멍을 벌름거리자 콧구멍에서 바람이 나왔다. 또 건우의 입과 귓구멍에서도 바람이 나오기 시작했다.

"헉! 으악!"

갑자기 건우가 엉덩이를 양손으로 잡고 펄쩍펄쩍 뛰었다.

"내 똥구멍에서도 바람이 나와!"

건우의 몸에 나 있는 구멍이란 구멍에서 모두 바람이 나오고 있었다. 콧바람, 귀 바람, 입 바람, 똥꼬 바람이 점점 거세졌다. 건우는 마치 커다란 풍선 인형처럼 바람에 너울너울 춤을 추었다.

"똥구멍에서 나오는 게 방귀야, 바람이야?"

아로가 혜리에게 물었다.

"넌 이런 상황에서 질문이 나오니?"

"얘들아! 구경만 하지 말고, 날 좀 어떻게 해 봐!"

건우가 금방이라도 울음을 터뜨릴 것 같은 얼굴로 소리쳤다.
"좋은 수가 있어! 건우의 몸에 나 있는 구멍이란 구멍은 모두 막아 버리는 거야!"
혜리의 말에 아로가 소리쳤다.
"막아라! 막아! 구멍을 막아라!"
혜리는 두루마리 휴지를 마구 풀었고, 아로는 휴지로 건우의 코와 나머지 구멍들을 틀어막았다.

하지만 바람이 점점 더 세게 나왔다.
"난다, 난다! 내 몸이 난다!"
건우의 몸이 둥실 떠올라 공중으로 올라가기 시작했다.
"더 강력한 걸로 막아야 해! 초강력 접착제 없어?"
아로와 혜리는 수건과 페트병과 변기 뚫는 뚫어뻥을 가져다가 건우 몸의 구멍들을 틀어막으려 했다.

펑! 퍼엉!
휙, 휘익!

너무나 센 바람에 휴지가 튀어나왔고, 수건과 페트병, 뚫어뻥이 날아왔다.
"무섭다! 무기다! 살아 있는 방귀 총이다!"
무엇으로도 선우의 뱃속에 이는 강한 바람은 막을 수 없었다. 급기야 건우의 몸이 천장까지 올라가더니 방 안을 마구 날아다니기 시작했다.
"난다, 난다! 내 몸이 막 난다!"
"와! 로켓 같다!"

"애들아, 나 어떡해! 잘못하면 달나라까지 가겠어! 토끼랑 떡방아 찧겠어!"

"저기 좋은 게 있어!"

혜리는 잠자리채를 들고, 아로는 감 따는 장대를 들고 건우를 잡으러 다녔다. 하지만 건우는 여간 빠른 게 아니었다.

"히히, 신 난다! 롤러코스터 탄 것 같아!"

건우는 신이 나서 허공을 휙휙 날아다녔다.

쿵, 쾅!

건우는 머리로 천장을 자꾸 박았다.

"애들아, 나좀 도와줘! 이러다가 천장에 구멍이 나겠어!"

"천장에 구멍이 나면 건우가 하늘로 날아가고 말 거 아냐! 건우야, 이제 우리랑 이별해야 하나 봐. 너희 엄마한테 네가 방귀 바람으로 우주로 갔다고 말씀드려 줄게."

"제발, 그러지 말고 내가 날아가지 못하게 줄로 묶어 줘!"

혜리가 카우보이처럼 줄넘기를 획획 돌려서 건우를 향해 날렸지만 번번이 실패했다.

그때 에디슨이 펄쩍 뛰어 건우의 다리에 매달렸다. 그 뒤를 이어 아로가 에디슨의 다리를 잡았고, 혜리가 다시 아로의 다리를 잡았다. 모두가 건우에게 주렁주렁 매달려 방 안을 날아다녔다.

"우리도 난다! 마구 난다!"

"우리도 달나라 같이 가자!"

과학교실 안은 난리가 났지만, 바깥세상은 아무 일 없이 평온했다.

과학교실 창으로 따스한 햇살이 교실 안으로 쏟아지고 있었다.

고기압 VS 저기압의 대결

세 번째 실험
기압과 날씨

창의력 호기심

뜨거운 공기와 차가운 공기가 있을까?
고기압과 저기압은 왜 생기는 걸까?
여름에는 왜 바다에서 바람이 불어오고,
겨울에는 왜 대륙에서 바람이 불어올까?

공기의 무게를 느껴봐

"어이쿠, 이게 무슨 일이냐?"

공부균 선생님이 과학교실의 문을 열었을 때, 건우는 창문 밖으로 날아가려는 순간이었다. 에디슨과 아로가 건우의 양쪽 다리를 붙잡고, 혜리는 건우의 다리를 줄로 묶고 있었다.

과학교실은 온통 어질러져 있어서 폭탄이 떨어진 것 같았다.

"아빠, 건우가 태풍을 먹었어요!"

혜리의 외침에 공부균 선생님이 "어이쿠!" 하고 비명을 질렀다. 공부균 선생님은 얼른 달려가 서랍을 뒤졌다. 그리고 까만 가루가 든 작은 통을 들고 왔다. 마치 후추 통 같아 보였다.

"설마 저한테 후추를 뿌리시려는 건 아니지요?"

건우가 겁을 집어먹고 물었다.

"후추는 닭을 통구이하기 전에 뿌리는 건데…… 건우야, 선생님이 널 통째로 구우시려나 보다."

아로의 말대로 공부균 선생님은 창틀로 올라가 통닭에 후추를 뿌리듯이 건우의 온몸에 까만 가루를 획획 뿌렸다.

"에취, 에에취! 에취, 에취, 에에취!"

건우가 쉴 새 없이 재채기를 해 댔다.

건우 몸에서 바람이 빠지는 소리가 나면서 빵빵하게 부풀었던 건우의 몸이 서서히 작아졌다. 바람이 빠지는 풍선 인형처럼 건우는 휘청거리더니 바닥에 쿵 떨어졌다.

"에쿠!"

"야옹!"

"우엑!"

건우 밑에 아로와 에디슨, 혜리가 차례대로 깔리면서 동시에 비명이 터져 나왔다.

"바람을 잠재우는 가루인데, 유효 기간이 지나서 못 쓰는

줄 알았어. 다행히 효과가 있군."

공부균 선생님은 창틀에서 내려오며 이마에 흐르는 진땀을 닦았다.

"건우야, 바람 캡슐은 왜 먹었니?"

공부균 선생님이 물었다.

"먹으려던 게 아닌데…… 목구멍으로 꿀꺽 넘어갔어요. 바람이 어떻게 부는지 궁금해서 견딜 수가 없었어요."

건우는 고개를 들지 못하고 모기만 한 소리로 말했다.

"괜찮다, 괜찮아. 호기심은 나쁜 게 아니야. 호기심이 있어서 우주 만물의 비밀을 알아내는 거니까. 단, 사고만 안 친다면 말이다."

공부균 선생님은 건우를 선선히 용서해 주었다.

"그런데 선생님, 공기가 이동해서 바람이 부는 거라고 하셨잖아요? 그러면 공기가 왜 이동하는 거예요?"

아로도 건우에게 지지 않으려고 호기심이 많은 척하며 물었다.

"공기가 많은 곳에서 적은 곳으로 이동한다고 했잖아."

혜리가 어질러진 방 안을 청소하면서 끼어들었다. 눈꼬

리가 이마까지 올라간 걸 보니 혜리는 엄청 짜증이 난 모양이었다.

"고기압! 저기압!"

혜리가 소리를 지르며 책들을 치웠다.

"기압? 혜리야, 너 지금 기합을 넣는 거야? 누구한테 발차기하려고?"

아로가 눈치 없게 말하자, 건우가 혜리의 표정을 살피고는 겁에 질려 몸을 부르르 떨었다.

공부균 선생님은 아무것도 눈치 채지 못한 듯 미소를 지으며 말을 이었다.

"우리는 느끼지 못하지만, 공기는 무게가 있어. 공기가 누르는 힘을 '기압'이라고 하지. 공기는 늘 우리를 누르고 있어."

"그런데 저는 못 느끼겠이요. 공기가 저를 누르고 있다는 걸 모르겠는데요?"

"그건 기압과 같은 힘으로 우리 몸도 공기를 밀어내고 있어서 그래. 그래서 우리 몸이 기압을 느끼지 못하는 거야. 그런데 우주에는 공기가 없잖아. 그래서 우주에서는 우리

몸이 밖으로 미는 힘만 작용하지."

"우주에서는 우리 몸이 풍선처럼 부풀어서 빵 터져 버리겠네요!"

"빵 터지지는 않지만, 위험한 건 사실이지. 그래서 우주에서는 꼭 우주복을 입어서 몸을 보호하는 거야."

공부균 선생님은 실험 도구에서 병 두 개를 꺼냈다. 하나는 파란 액체가, 다른 하나는 빨간 액체가 찰랑거렸다.

공부균 선생님은 엄청나게 큰 부채를 한 번 휘둘렀다.
"드디어 이 방에도 고기압과 저기압이 생겼군."
"어디요? 어디?"
"저희 눈에는 안 보이는 걸요?"
　공부균 선생님은 스포이트로 파란 액체를 빨아들여 공기 중에 뿌렸다. 그리고 이번에는 빨간 액체를 빨아들여 공기 중에 뿌렸다. 그러자 파란 액체와 빨간 액체는 연기처럼 공기 중에 퍼져 나갔다.
"보인다! 보여!"
　신기하게도 공기가 눈에 보이기 시작했다.
"파란 액체가 번진 곳이 고기압이고, 이쪽 빨간 액체가 번진 곳은 저기압이야. 공기가 어느 쪽이 더 많지?"
"고기압이요. 색깔이 고기압 쪽이 더 진한데요."
"그래. 같은 부피의 공간을 비교했을 때 공기가 많이 있는 쪽이 고기압이고, 공기가 적게 있는 쪽이 저기압이야."
　파란 빛을 띤 공기가 빨간 빛을 띤 공기 쪽으로 이동하기 시작했다.
"와, 바람이 분다!"

"바람은 공기가 많은 곳에서 적은 곳으로 이동하는 거니까, 고기압에서 저기압으로 부는 거구나!"

"그렇지. 바로 그거야."

공부균 선생님은 공기 청소기를 틀어서 공중에 댔다. 그러자 파란 공기와 빨간 공기가 공기 청소기 속으로 쏘옥 빨려들어 가며 순식간에 사라졌다.

주사기 속으로 아로가 들어갔어요

문이 벌컥 열리는 소리가 나더니 으스스한 기운이 등 뒤에서 느껴졌다. 건우와 아로는 뒤를 돌아보았다.

혜리가 아주아주 커다란 주사기에 몸을 기대고 무시무시한 표정을 지으며 서 있었다.

"저렇게 큰 주사기는 처음 봐!"

아로의 입이 다물어지지 않았다.

"너 왜 그래? 설마 그 주사기로 내 엉덩이에 한 방 놓으려는 건 아니겠지?"

건우는 기절할 것 같은 목소리로 간신히 물었다.

"으흐흐."

혜리가 소름을 돋게 하는 웃음을 흘렸다.

아로의 눈에는 혜리가 공포 영화에 나오는 괴물처럼 보였다.

"가져왔니?"

공부균 선생님이 주머니를 뒤지며 혜리에게 물었다.

"서…… 선생님이 시키신 거예요?"

아로가 믿을 수 없다는 표정을 지으며 말했다.

"저는 이미 예방 주사를 맞았단 말이에요!"

건우가 울먹거렸다.

"그러니까 내가 학원비를 내고 정식으로 다니라고 했잖아!"

아로가 건우에게 소리를 질렀다.

"으흐흐……."

공부균 선생님도 혜리처럼 무섭게 웃었다. 그 모습을 보니 이제는 아로도 기절할 것만 같았다. 과학교실이 공포 교실로 변하는 순간이었다.

"먹어라."

공부균 선생님이 아로와 건우에게 콩알만큼 작은 과자를 내밀었다.

아로와 건우는 먹지 않으려고 입을 꽉 다물었다. 하지만 거대한 주사기를 들고 다가오는 혜리의 모습에 저절로 입이 벌어지고 말았다. 그 틈에 공부균 선생님이 둘의 입속으로 과자를 집어넣었다.

아로와 건우는 얼떨결에 과자를 씹지도 않고 꿀꺽 삼켜 버렸다. 목구멍으로 과자가 넘어가자마자 온몸이 뜨거워지더니 간지럽기 시작했다. 아로는 팔을 박박 긁었고, 건우는 목을 긁었다. 그러자 팔과 목이 사라졌다. 다리를 긁으면 다리가, 얼굴을 긁으면 얼굴이 사라졌다.

"선생님, 왜 이러는 거죠? 우리 몸이 사라지고 있어요!"

입만 남은 아로와 건우가 소리를 질렀다.

"공기 과자의 효과가 아주 좋군. 걱정 마라. 너희 몸이 사라지는 게 아니라, 공기로 변하고 있으니까."

"네? 저희를 공기로 만들어 뭐하시게요?"

아로가 원망 섞인 목소리로 물었다.

"혜리야, 준비됐니?"

"네, 아빠! 흐흐."

혜리가 또 한 번 하얀 이를 드러내며 무섭게 웃었다.

아로와 건우는 완전히 공기로 변해서 아무것도 보이지 않는 상태가 되었다. 둘은 앞으로 무슨 일이 벌어질지 몰라 두려움에 떨었다. 공기 중에서 아로와 건우의 이가 따닥따닥 부딪치는 소리가 났다.

다행히 혜리의 주사기에 주삿바늘이 달려 있지 않았다. 혜리는 아로와 건우를 향해 주사기의 피스톤을 당겼다.

"으아아아악!"

아로와 건우가 주사기 속으로 쏙 빨려들어 갔다.

"발 치워. 네 발이 내 코에 붙었단 말이야."

"네 엉덩이나 치워. 내 얼굴을 누르고 있잖아."

공기로 변한 아로와 건우는 하나로 뒤엉켰다.

공부균 선생님은 주사기의 끝을 수건으로 막고 피스톤을 서서히 밀기 시작했다. 그러자 주사기 안에서 아로와 건우의 비명 소리가 들렸다.

"답답해요, 선생님!"

"아까보다 공간이 너무 좁아졌다고요!"

"그래, 그럴 거야. 너희가 들어 있는 주사기 안은 지금 기압이 아주 많은 높은 상태지."

"고기압이네요? 어쩐지 답답해요!"

"주사기 밖은 저기압이란다. 자, 나오렴."

그때였다. 뿡 하는 소리가 들렸다.

"이게 무슨 냄새야? 쿨럭쿨럭……. 건우, 너 방귀 뀌었지?"

"너무 답답해서 그만……."

"나, 지금 죽을 거 같아요. 완전 독가스야. 윽. 고기압에서는 절대 방귀 뀌면 안 돼!"

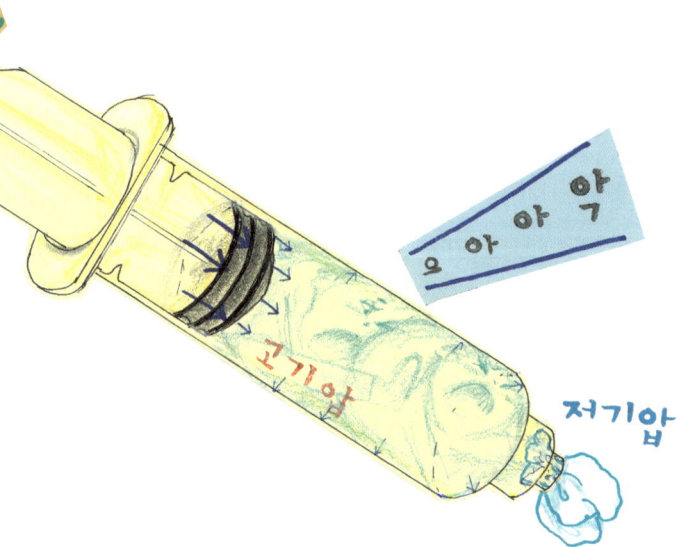

공부균 선생님이 살짝 누르자, 주사기 속에 있던 건우와 아로가 소용돌이 치듯 휘리릭 빠져 나왔다.

"휴."

"휴."

"휴. 이제 살 것 같다."

아로가 숨을 몰아쉬며 건우를 흘겨보았다.

건우는 창피했는지 건우 쪽 공기가 빨갛게 변했다.

"주사기 안이 고기압이고, 주사기 밖이 저기압이니까 고기압에서 저기압으로 공기가 이동한다는 걸 이제 알겠지?"

"그나저나 제 발이 주사기에서 아직 덜 빠져나왔는걸요?"

"하하, 주사기 안에 있던 공기는 주사기 안과 밖의 기압이 같아질 때까지 빠져나온단다. 곧 발이 빠질 테니 기다려 보렴."

"아, 그렇구나. 이제 다 나왔어요. 휴!"

공부균 선생님이 "셋, 둘, 하나!" 하고 손가락을 튕겼다. 그러자 아로와 건우가 발끝부터 머리까지 원래 몸으로 돌아왔다. 제 모습을 찾은 아로와 건우는 바닥에 쿵 떨어졌다.
 "이제야 살 것 같다. 혹시 내 몸에서 아직도 방귀 냄새가 나니?"
 건우가 혜리에게 다가가며 물었다.
 "가까이 오지 마! 저리 가!"
 혜리가 코를 움켜쥐며 뒷걸음질 쳤다.
 그때 아로가 주사기를 들고 혜리에게 다가가고 있었다.
 "흐흐흐…… 혜리, 이번엔 네 차례다!"

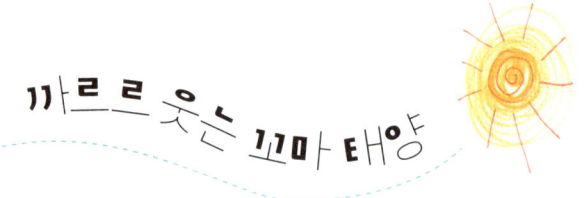

까르르 웃는 꼬마 태양

　아로와 건우가 빨갛게 달아오른 얼굴로 공부균 선생님의 과학교실 앞에 도착했다. 여름 방학이 시작되려면 한 달이나 남았지만, 태양은 난로처럼 뜨겁게 열을 냈다.
　"아, 덥다, 더워. 오늘은 꼭 여름 같아요."
　아로와 건우는 과학교실 문을 열고 들어서면서 말했다. 그런데 눈앞에 깜짝 놀랄 풍경이 펼쳐졌다. 교실 안에 있던 책상과 의자, 실험 도구는 없고 그 자리에 시원한 바닷가가 펼쳐져 있었다.
　"어서 와. 엄청 덥지?"
　무지개 비치파라솔 세 개가 사이좋게 놓여 있고, 그 밑에 선글라스를 낀 공부균 선생님과 혜리, 에디슨이 열대 과일 주스를 빨대로 쪽쪽 빨고 있었다.
　눈부시도록 하얀 백사장과 끝없이 펼쳐진 파란 바다, 바람에 하늘하늘 야자수까지……. 마치 사진 속 풍경을 그대로 옮겨다 놓은 것 같았다.

"어때? 하와이 해변을 교실로 옮겨 왔지."

혜리가 느긋한 표정을 지으며 발가락을 까닥거렸다.

"와, 신 난다, 신 나!"

아로와 건우는 바다로 빨리 들어가고 싶어서 옷을 훌훌 벗어던졌다. 둘은 깡총거리며 모래사장을 향해 달렸다. 모래사장을 지날 때는 너무나 뜨거워 까치발을 하고 조심조심 건넜다. 바닷물 속에 풍덩 빠지니 더위가 확 달아나는 것 같았다.

"흐익! 상어다!"

상어 지느러미가 아로와 건우 주변을 빙빙 돌았다. 물장난을 하던 아로와 건우는 겁에 질려 후다닥 모래사장으로 도망쳤다.

"해변만 옮기셔야지 식인 상어까지 데려오시면 어떻게 해요!"

아로와 건우가 툴툴대며 파라솔 밑에 벌러덩 드러누웠다. 그러자 시원한 바람이 살랑살랑 불어왔다.

"땀을 식혀 주는 착한 바람, 고마운 바람. 어디에서 불어와, 어디로 가는 걸까?"

"바람이 바다에서 육지로 부는 것 같은데? 바람은 고기압에서 저기압으로 분다고 했잖아. 그렇다면 바다 쪽이 고기압이고, 육지 쪽이 저기압인가 봐. 왜 바다 쪽이 고기압이고, 육지 쪽이 저기압이지?"

건우의 호기심이 퐁퐁 솟기 시작했다. 건우는 빨대로 남은 열대 과일 주스를 쪽쪽 빨아 마시면서 계속 말했다.

"육지는 뜨겁고, 바다는 차갑기 때문이지."

공부균 선생님이 건우를 보며 말했다.

"육지가 뜨거워져서 저기압이 되고, 바다가 차가워져서 고기압이 된다고요?"

"응."

공부균 선생님이 대답하며 자리에서 일어났다. 그리고 천장에 달린 줄을 잡아당겼다. 그 줄에는 꼬마 태양이 달려 있었다. 천장에 떠 있는 꼬마 태양은 까르르 웃음을 터뜨리면서 더 뜨겁게 열을 냈다.

"와, 뜨겁다. 뜨거워서 모래 위를 걷지 못하겠어! 화장실

에도 못 가겠는걸."

　아로는 어떻게 하나, 잠깐 생각하더니 상어가 사라진 바다 쪽을 바라보았다. 잠시 뒤 아로는 바닷물 속에서 부르르 몸을 떨고는 아무 일 없는 사람처럼 걸어 나왔다.

　하지만 혜리는 '네가 한 일을 다 알고 있다.'는 표정으로 얼음을 으드득 씹으면서 아로를 노려보았다.

　공부균 선생님이 천장에 떠 있는 꼬마 태양의 줄을 다시 잡아당겼다. 이번에는 꼬마 태양이 울음소리를 내더니 빛이 꺼지고 교실 안이 깜깜해졌다.

　"혜리야, 시간 조절기를 움직여서 시간 좀 빨리 가게 해라."

　공부균 선생님이 말하자, 혜리가 벽에 붙어 있는 조절기를 뱅글 돌렸다.

　"기다려 봐라. 바람이 바뀔 테니까."

　잠시 뒤 바다에서 불어오던 바람이 방향을 바꾸어 육

지에서 바다 쪽으로 불기 시작했다.

"바람이 정반대로 바뀌었어. 왜 바뀐 거지?"

아로가 고개를 갸우뚱했다.

"육지가 고기압, 바다가 저기압이 됐나 봐."

건우가 말했다.

"물과 모래를 만져 보렴."

공부균 선생님 웃으며 말하자, 아로와 건우는 물과 모래를 만져 보았다.

"모래가 식었나 봐요. 뜨겁지 않아요."

"물은 아까랑 온도가 비슷한 거 같아요. 아주 차갑지도 않고, 아주 뜨겁지도 않은데요."

아로와 건우는 서로의 느낌을 말했다.

갑자기 아로의 눈빛이 반짝했다.

"왜 그런지 난 알 것 같아요!"

아로가 소리쳤다.

"뭐?"

건우가 아로를 바라보았다.

"육지로 사람들이 많이 몰려서 그런 거 아니에요? 낮에

바닷가에서 놀던 사람들이 밤에는 육지로 다 올라오니까요."

"사람 수가 많아진다고 바람의 방향이 바뀌니?"

선생님이 머리를 긁적이며 물었다.

"건우 같은 방귀쟁이들이 많은 거지요. 육지에서 바다로 방귀 바람이 부는 거예요!"

"그럼 이 바람이 다 방귀란 말이야?"

듣고 있던 혜리가 끔찍한 표정을 지으며 말했다.

건우는 어제 일이 떠올라 얼굴이 빨개졌다.

"하하, 아로야. 바다보다 육지에 공기가 많으니까, 바람이 육지에서 바다로 부는 거란다."

공부균 선생님이 말했다.

"그러니까 건우 때문이라고요. 건우가 방귀를 뀌니까 육지에 공기가 많아지는 거예요. 아까 건우가 바닷물 속에서 방귀 뀌는 거 봤어요. 거품이 뽀글뽀글 올라오더라고요! 건우가 방귀 때문에 달나라에 갈 뻔한 걸 제가 구했잖아요."

"건우 때문이 아니라니까. 휴!"

공부균 선생님이 고개를 절레절레 흔들고는 설명을 시작

했다.

"뭘?"

"건우가 왜 자꾸 절 찾아오는지를요."

"그건 건우가 널 좋아해서 그런 거 아니니?"

공부균 선생님이 물었다.

"아니에요. 건우는 공기가 많으니까 고기압이고요. 저는 공기가 별로 없으니까 저기압이에요. 바람이 고기압에서 저기압으로 부는 것처럼 건우가 자꾸 절 찾아오는 거지요."

"그런데 왜 건우는 공기가 많고, 너는 공기가 없는 거야?"

공부균 선생님이 물었다.

"건우는 방귀쟁이잖아요! 난 방귀 안 뀐다고요."

아로가 소리쳤다.

뭉게구름 맛, 새털구름 맛, 양떼구름 맛

네 번째 실험
구름과 안개

창의력 호기심
구름 모양은 왜 다를까?
안개와 구름은 어떻게 다른 걸까?
빨간 구름, 파란 구름은 왜 없을까?

교장실의 엘리베이터

"쉿! 조용히 해. 나오신다."

아로는 손가락을 입에 갖다 댔다.

교장 선생님이 교장실에서 나오고 있었다. 오늘도 모기향처럼 뱅뱅 말려 있는 수염 끝을 손끝으로 만지작거렸다. 표정은 로봇처럼 차가워 보였다.

교장 선생님은 "으흠." 하고는 코를 실룩거리며 주변을 둘러보았다. 그러고는 황제펭귄처럼 짧은 다리로 복도 끝을 향해 뒤뚱뒤뚱 걸어갔다.

화장실에 숨은 아로와 건우는 고개를 빠끔 내밀고 교장 선생님의 엉덩이를 바라보았다.

"가셨어?"

건우가 긴장한 목소리로 물었다.

아로는 고개를 끄덕이고는 살금살금 교장실로 다가갔다.

아로가 교장실에 몰래 들어가 보겠다고 마음먹게 된 건, 교장실을 청소한 현지의 말 때문이었다.

현지 말에 따르면, 교장실에 비밀 문이 있는데, 그 문을 열면 엘리베이터가 있다는 것이다. 어디로 가는지 알 수 없는 엘리베이터라고 했다.

아로는 교장 선생님이 왠지 수상쩍었다. 공부왕 교장 선생님이 온 뒤로 선생님들이 모두 변했다고 아로는 생각했다. 선생님들은 날마다 시험을 보았고, 아이들이 문제를 틀리면 혼을 냈으며, 1등만 예뻐했다.

아이들은 붕어처럼 입을 벙긋거리면서 선생님이 시키는 대로 달달 외워야 했다. 왜 외워야 하는지 몰랐고, 어디에 쓸모가 있는지도 몰랐다. 무조건 외우고 또 외웠다.

건우 말처럼, 교장 선생님은 평범한 아이들은 좋아하지 않는 것 같았다. 아로는 공부왕 교장 선생님이 웃는 걸 한 번도 보지 못했다. 코를 찡긋거리면서 눈살을 찌푸리는 표정만 보았을 뿐이다.

"날 따라와."

아로가 살금살금 복도로 걸어갔다.

"나…… 무…… 무서워서…… 발이 안…… 떨어져."

뒤따라오는 건우가 소리가 들릴 정도로 이를 딱딱 부딪쳤다.

아로는 건우의 팔을 끌고는 교장실로 들어갔다. 교장실에서 달걀 썩는 것 같은 고약한 냄새가 났다.

건우는 밀가루처럼 하얗게 된 얼굴을 벽에 찰싹 붙였다.

아로는 교장실을 두리번거렸다.

"비밀 문이 여기에 있다고 그랬는데……."

아로는 이쪽저쪽 책을 뒤져 보고, 도자기와 국기를 들었다 놓으며 비밀 문을 찾았다.

"나…… 배가 아파서…… 나……가야 할 것 같아……."

건우가 배를 움켜쥐고 뒷걸음질 쳤다. 그러다가 "뿌웅!" 하고 또 방귀를 뀌었다.

"어이구, 이 고기압아! 아직도 공기가 꽉 찼어?"

건우는 바닥에 풀썩 주저앉다가 그만 골프채를 넘어뜨리고 말았다. 골프채가 골프공을 건드리자, 골프공은 데굴데굴 굴러가더니 구멍 속으로 쏙 들어갔다.

퉁.

 뭔가를 때리는 소리가 나더니 갑자기 벽장이 움직이며 빙글 돌아갔다. 거기에 바로 엘리베이터가 있었다.
 "있다, 있어!"
 아로가 후다닥 달려가자, 건우도 궁금했는지 몸을 달달 떨면서 아로를 따라왔다. 건우가 움직일 때마다 엉덩이에서 "뿡, 뿍, 뽕!" 방귀가 터져나왔다.
 엘리베이터는 흔하게 볼 수 있는 모습이 아니었다. 엘리베이터 문이 열리자, 안은 금빛으로 번쩍였다. 천장까지 모든 게 황금으로 보였다.
 더욱 놀라운 것은 엘리베이터에 붙어 있는 버튼이었다. 과학교실에는 '집, 교실, 땅, 물, 하늘, E'라고 적힌 버튼이 달려 있는데, 교장실의 엘리베이터에도 여섯 개의 버튼이 달려 있었다. 그런데 그 버튼에 새겨진 글자는 달랐다.
 "우주, 또 우주, 또 다른 우주, 완전 다른 우주, 뽕 가는 우주, 위험한 우주? 우주가 여섯 개네? 이 버튼을 누르면 어디로 가게 될까?"

건우는 고개를 갸웃거렸다.

아로는 궁금증을 참지 못했다. 이러면 안 되는데, 안 되는데, 하면서도 아로의 손가락이 '뿅 가는 우주'로 다가가고 있었다.

"안 돼. 아로야, 누르면 안 돼. 참아!"

아로의 눈동자가 호기심으로 이글이글 불타올랐다.
"으, 참을 수 없어, 으으."
아로는 신음을 흘렸다. 그때였다.

벌컥.

문이 열리는 소리가 났다. 아로와 건우는 후다다닥 엘리베이터 벽에 찰싹 달라붙었다.
"교장 선생님이 안 계시네. 어디 가셨지?"
담임 선생님의 목소리였다. 다시 문이 닫히는 소리가 들렸다.
벽장이 저절로 돌아가며 아로와 건우는 밖으로 나올 수 있었다. 아로와 건우는 고양이처럼 살금살금 교장실을 나와 숨을 헐떡이며 학교 밖으로 달려 나갔다.

구름 맛을 알면 날씨를 알 수 있어요

"헉헉, 저 황금 엘리베이터는 뭐지?"

아로가 숨을 헐떡이며 물었다.

"헥헥, 난들 아니? 하지만 한 가지는 알아."

건우가 대답했다.

"뭘?"

"우리가 교장실에 들어갔다는 걸 아무한테도 말하면 안 된다는 걸. 황금 엘리베이터를 본 사실도."

"그렇지. 황금 엘리베이터 안에 우주로 가는 여섯 개의 버튼이 있다는 것도 말이야."

"만약 비밀이 탄로 난다면, 교장 선생님은 아마 우리를 가만 두지 않을 거야."

건우는 그렇게 말하면서 몸을 부르르 떨었다. 상상만 해도 끔찍하게 무서웠다.

아로와 건우는 무서운 비밀을 알게 된 듯 더는 입을 열지 않았다. 입을 꽉 다문 채 앞으로 걸어가기만 했다.

한참을 걸어가다가 아로가 조심스럽게 입을 열었다.

"혹시 황금 엘리베이터가 우주선이 아닐까?"

"우주선?"

"그래. 우주로 가는 여섯 개의 버튼이 있었잖아. 그 버튼이 엘리베이터를 우주로 날아가게 하는 조종기가 아닐까?"

"그…… 그렇다면 교장 선생님이 외계인? 히익!"

아로와 건우는 서로의 입을 손으로 틀어막으며 주변을 조심스럽게 살폈다.

"아닐 거야. 아니겠지. 그래, 절대 아닐 거야."

"그, 그럼. 아니고말고. 그런 무서운 생각은 하지 말자."

아로와 건우는 다시 입을 꾹 다문 채 앞만 보고 걸었다.

아로는 자꾸 뒤통수가 따끔거리는 것 같아 몇 번이고 뒤를 돌아보았다. 누군가가 자신들의 뒤를 밟는 것 같았다. 겁이 난 아로가 갑자기 뛰기 시작했다.

"아로야, 같이 가. 나 무섭단 말이야!"

건우도 아로의 꽁무니를 후다닥 쫓아 뛰었다. 겁먹은 건우가 발걸음을 뗄 때마다 엉덩이에서 "뽕, 빵, 뽁!" 방귀 소리가 났다.

"선생님, 공부균 선생님! 헉헉."

아로는 과학교실의 문을 열자마자 선생님을 찾았다.

"엘리베이터에 우주로 가는 버튼이…… 헉헉……. 황금 엘리베이터에 펭귄이…… 헥헥."

뒤따라온 건우가 황급히 아로의 입을 틀어막았다.

"아차!"

아로는 그제야 건우와 했던 약속이 떠올랐다.

까먹었다가 3분 만에 다시 떠오른 것이다.

"황금 엘리베이터에 무슨 버튼?"

혜리가 눈을 동그랗게 뜨고 물었다.

"아, 아니야. 아무것도 아

니야.”

아로가 말을 얼버무렸다.

“그래. 아무것도 아니고말고. 지난번에 하늘로 올라갔다가 구름 맛을 못 봤잖아. 그래서 다시 E 버튼을 눌러서 구름 맛을 보러 가자고 하려는 거야. 그렇지, 아로야?”

건우가 아로의 옆구리를 쿡 찔렀다.

“으, 응. 공부균 선생님이 그러셨잖아. 구름 맛을 알면 날씨의 비밀을 풀 수 있다고.”

아로는 얼렁뚱땅 둘러댔다.

“구름 맛이라…….”

공부균 선생님이 책상에 손가락을 까닥까닥 두드리면서 아로의 말을 곱씹었다.

구름을 만드는 솜사탕 기계

 공부균 선생님이 한참 생각을 하더니 벌떡 일어나 창고에서 기계를 끌고 나왔다. 투명한 유리로 덮여 있고 바퀴가 달려 있는 게 마치 솜사탕 기계 같았다.
 "와! 솜사탕 만들어 주시게요?"
 아로의 입안에 침이 잔뜩 고였다. 아로가 냉큼 기계 앞에 서자, 그 뒤로 건우와 에디슨이 줄을 섰다.
 "이건 솜사탕 기계가 아니라 '퐁퐁 구름 기계'야."
 "그럼 솜사탕 말고 구름을 만드시게요?"
 혜리가 선생님 대신 "응." 하고 대답하면서 퐁퐁 구름 기계에 쌓인 먼지를 걸레로 닦았다.
 아로와 건우의 얼굴이 활짝 피었다가 금세 풀이 죽었다.
 "솜사탕은 설탕으로 만들지만, 구름은 물로 만들어."
 공부균 선생님이 주전자에 물을 담아 퐁퐁 구름 기계 안에 부었다. 그리고 퐁퐁 구름 기계에 페달을 밟기 시작했다. 페달이 움직이면서 퐁퐁 구름 기계가 돌기 시작했다. 위쪽에 달린 작은 파이프에서 "쉭쉭! 쉭쉭!" 소리가 나더니 수증기가 뿜어져 나왔다.

"에이, 뭐예요. 솜사탕 같은 구름은 안 나오고, 수증기만 나오잖아요."

아로는 시시하다는 표정을 지었다.

하지만 공부균 선생님은 열심히 페달을 밟았다.

"쉭쉭, 쉭쉭……."

더 많은 수증기가 파이프에서 뿜어져 나왔다.

"퐁퐁 구름 기계가 아니라 주전자 아니에요? 수증기만 나오는데요? 고장 났나?"

공부균 선생님은 아로의 말에 대꾸도 하지 않고 손가락으로 천장을 가리켰다. 아로는 선생님이 가리키는 쪽으로 눈길을 보냈다. 뿜어져 나온 수증기가 어느새 구름으로 변해 천장 위를 둥실둥실 떠다니고 있었다.

"와, 구름이다! 저 구름 봐! 강아지 모양이야!"

"저 구름은 양 떼다! 양 떼 옆에 양치기 강아지가 쫓아가!"

"앗, 저 구름은 내 얼굴이랑 똑같이 생겼어."

"뭐? 내 얼굴인데? 나랑 닮았잖아."

"아니야. 내 얼굴이야. 봐, 내 코랑 완전 똑같잖아."

아로와 건우는 천장을 떠다니는 구름을 보고 서로 자기를 닮았다며 티격태격했다. 그러다가 서로 구름을 잡으려고 폴짝폴짝 뛰기 시작했다.

"이건 내 구름이야."

"아니야, 내 구름이라니까!"

아로와 건우는 서로 큰 구름을 갖겠다며 더 높이 뛰었다. 둘의 얼굴에 구슬 같은 땀이 주르륵 흘러내렸다.

공부균 선생님이 둘을 불렀다.

"그래, 증발. 지구에 있는 바다, 호수, 강의 물은 증발해서 수증기가 되지."

"그러면 그 수증기는 어떻게 돼요?"

공부균 선생님이 아로에게 대답 대신 한쪽 벽을 손으로 가리켰다. 거기에는 곰돌이 습도계가 달려 있었다.

"증발한 수증기는 모두 공기 중에 있어. 공기 중에 있는 수증기의 양을 '습도'라고 해. 저기 있는 습도계가 습도를 나타낸단다. 습도는 날씨에서 아주 중요해."

퐁퐁 구름 기계에서 수증기가 많이 뿜어져 나올수록 습도는 점점 더 올라갔고, 곰돌이는 땀을 뻘뻘 흘렸다.

"그러면 구름 기계로 구름을 아주 많이 만들면 지구에 비를 많이 내리게 할 수 있나요?"

아로의 질문에 선생님이 "그건 왜?" 하고 되물었다.

"지구 온난화로 끔찍한 가뭄에 시달리는 지역에서는 마실 물이 없대요. 아이들은 진흙탕 물을 먹고 병에 걸리고, 땅이 메말라 사막으로 변한대요."

아로의 목소리가 점점 슬퍼졌다.

"지금 이 구름 기계로는 안 되지만, 앞으로 아주아주 큰 구름 기계를 만들어 가뭄 지역을 찾아다니면서 비를 선물하마."

"와우! 공부균 선생님은 역시 못하시는 게 없어요!"

이번에는 공부균 선생님이 아이들에게 사다리를 타고 천장 가까이 올라가게 했다. 높이 올라가니 작은 구름들이 아로와 건우의 얼굴 앞에서 천천히 흘러갔다.

아로는 두 손을 모아 구름을 냉큼 담아 혀를 날름거리면서 맛보았다.

"무슨 맛이야?"

건우가 아로에게 얼굴을 바싹 들이대며 물었다.

"너도 먹어 봐."

건우는 잠깐 망설이다가 아로의 손에 있는 구름을 먹어 보았다. 둘은 서로를 바라보았다.

"뭐야. 아무 맛도 없잖아!"

건우와 아로가 속았다는 표정을 지으며 동시에 외쳤다.

"뭐 이런 맛이 다 있냐?"

"정말 실망이야! 이건 구름의 배신이야, 배신!"

공부균 선생님은 둘을 보며 껄껄 웃었다.

"수증기가 변해서 구름이 된 거니까 당연히 맛이 없지."

아로는 갑자기 호기심이 생겨 선생님에게 질문했다.

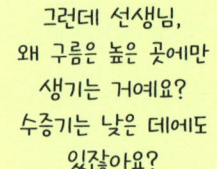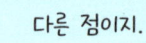

설명을 끝낸 공부균 선생님은 특별 선물로 아로와 건우에게 몸이 공기로 변하는 쿠키를 주었다.

쿠키를 먹은 아로와 건우는 공기로 변해 구름을 밟으면서 하늘을 살랑살랑 날았다. 아로는 공기가 되어 움직이는 게 자유롭고 기분 좋았다.

아이들의 행복한 웃음이 과학교실을 가득 채웠다.

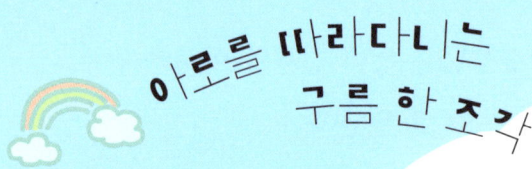

아로를 따라다니는 구름 한 조각

"와, 내 모습 좀 봐! 뭉글뭉글 양 떼 같아!"

과학교실 천장 밑으로 구름이 둥실둥실 떠다니고 있었다. 공부균 선생님이 준 구름 사탕을 먹고 구름으로 변한 아이들이었다. 공부균 선생님도, 사자만 한 고양이 에디슨도 구름 사탕을 먹고 구름이 되어 있었다.

"구름이 된 기분이 이런 거구나!"

아로가 빙그르르 돌면서 소리쳤다.

"어어, 내 모양이 자꾸 변해. 아까는 찐빵 모양이었는데, 지금은 비행기 모양이야."

건우도 웃음을 터뜨렸다.

공부균 선생님도 기분이 좋은지 휘파람을 불었다.

에디슨은 구름이 된 자기 몸을 핥아 먹었다. 그러

자 입속으로 들어간 구름이 다시 똥구멍으로 흘러나왔다.

"꿀꿀꿀."

어디선가 돼지 기상 캐스터의 소리가 들렸다.

"꿀꿀꿀, 오늘의 일기 예보를 알려 드리겠수다. 한번 들어 봐수다."

지구 세트 속에서 돼지 기상 캐스터가 날씨를 안내하기 시작했다.

"꿀꿀꿀, 지금 과학교실의 날씨는 별의별 구름으로 가득 찼수다. 구름이 점점 많아지면서 기온은 22도, 강수량은 15밀리미터……. 돼지들은 과학교실로 올 때 우산을 갖고 오는 게 좋겠수다. 진흙 목욕을 하려는 돼지들은 빼고!"

"흥, 또 돼지들을 위한 일기 예보네."

혜리가 콧방귀를 꼈다.

구름이 된 공부균 선생님이 둥실둥실 떠다니다가 날씨 안내판 위에 멈추었다.

"너희들, 이게 뭔지 아니? 이건 구름양

151

을 나타내는 기호야. 하늘을 보면 구름 한 점 없을 때도 있고, 구름이 많을 때도 있지? 그런 구름의 양을 날씨로 표현하는 거야. 구름이 없을 때에는 맑음 기호, 구름이 있으면 구름 많음 기호나 흐림 기호로 나타내는 거지."

아로는 날씨 안내판 위를 빙빙 돌았다. 이제야 날씨의 요

소를 제대로 알 것 같았다. 기온, 습도, 기압, 풍향, 풍속, 강수량 중에 날씨 요소에서 중요하지 않은 게 없었다.

"그런데요, 정말 궁금한 게 있어요."

"뭐가 그렇게 궁금하니? 아로야, 너한테 호기심이 솟으니 네 머리 위로 물음표 모양의 구름이 생기는걸?"

"빨간 구름, 파란 구름은 왜 없어요? 흰색이나 회색, 먹구름은 봤는데, 다른 색깔의 구름은 본 적이 없거든요."

"구름이 빨강, 파랑, 노랑, 초록, 보라……. 여러 가지 색깔이면 참 예쁠 것 같아요."

혜리가 꿈을 꾸는 듯한 목소리로 말했다.

"구름이 흰색과 회색, 검은색만 있는 이유는 바로!"

공부균 선생님이 말을 시작하려는 순간 "쿵" 하고 선생님이 바닥으로 쿵 떨어졌다. 구름 사탕의 효과가 다 떨어져 사람의 모습으로 돌아간 것이있다.

"에고, 허리야. 그건 바로 빛의 산란 때문이야."

뒤이어 아로와 혜리, 건우와 에디슨이 엉덩방아를 찧으며 바닥에 떨어졌다.

"빛의 산란이요?"

"빛의 산란이란 빛이 공기 중의 작은 입자들에 부딪쳐 빛의 방향이 바뀌고 흩어지는 현상을 말해. 햇빛이 구름에 비치면 구름 속에 있는 물방울이 빛을 산란시킨단다. 산란된 모든 색깔의 빛이 모이면 흰색으로 보이기 때문에 우리 눈에 구름이 흰색으로 보이는 거야."

"어떤 구름을 보면 위는 흰색이고, 아래는 어둡던데요."

"그건 두꺼운 구름이라서 그래. 두꺼운 구름은 얇은 구름보다 빛을 적게 통과시키거든. 그래서 땅에서 구름을 보면 햇빛이 잘 안 보이니까 구름이 어둡게 보이는 거지."

"그러면 먹구름은요? 회색으로 보이잖아요."

"먹구름은 비를 내리는 구름이라서 구름을 이루는 물방울이 크거든. 그래서 빛을 산란하지 않고 흡수하기 때문에 우리 눈에 회색으로 보이는 거야. 호수나 강이 깊으면 어두워 보이지? 그거랑 똑같아."

"진짜 구름의 맛이란 이런 거구나. 날씨의 비밀이 숨어 있는 구름의 맛!"

건우가 감탄을 터트리자, 아로가 말했다.

"우리가 구름으로 변한 걸 공부왕 교장 선생님이 안다면

어떤 표정을 지으실까?"

"잠깐! 방금 뭐라고 했니?"

공부균 선생님이 깜짝 놀라 물었다.

"공부왕 교장 선생님을 아세요?"

"공부왕이라고 했니? 어디서 만났지?"

선생님이 놀란 얼굴로 아로와 건우에게 다시 물었다.

"그러니까 저기, 황금 엘리베이터······."

아로가 입을 열려는 순간, 건우가 아로의 입을 틀어막았다.

"아무것도 아니에요. 저희는 그만 가 볼게요."

건우는 아로를 끌고 과학교실 밖으로 나왔다.

"절대 말하지 않기로 했잖아. 비밀을 지켜야 해!"

"알았어. 그런데 공부균 선생님은 교장 선생님을 아나 봐. 대체 공부균 선생님과 교장 선생님은 어떤 사이일까?"

"교장 선생님은 왜 공부균 선생님과 비슷한 엘리베이터를 가지고 있는 거지?"

건우와 아로는 궁금증이 솟아 머릿속이 물음표로 가득 찼다.

다음 날, 아로는 평소와 똑같이 학교에 갔다.
"어, 아로야. 네 머리 위에 있는 게 뭐니?"
선생님과 아이들이 아로를 보며 입을 다물지 못했다. 아로의 머리 위로 작은 구름이 둥실둥실 따라다니고 있었다. 어제 먹은 구름 사탕 조각이 아로의 머리에 붙어 있었던 것이다.
아이들은 아로의 주변을 에워싸고는 작은 구름을 만져 보려고 난리였다.

그때 검은 그림자 하나가 복도에서 아로를 유심히 살피고 있었다. 펭귄처럼 짧은 다리에 모기향처럼 돌돌 말린 수염, 검은 그림자는 바로…….

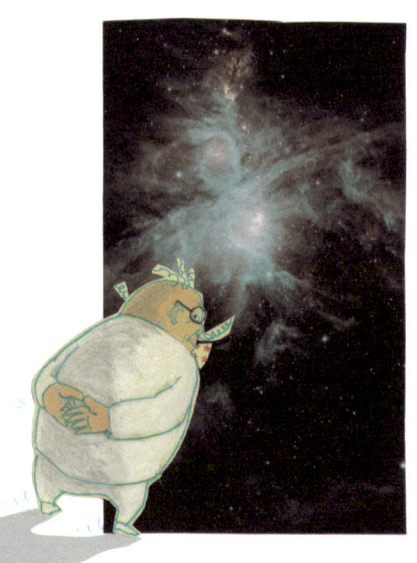

3권 우주 편으로 이어집니다.